175
RECETTES DE CUISINE
ROUMAINE

Nous remercions particulièrement la Direction et le personnel du restaurant roumain
DOÏNA ELYSEES
5, rue de Berri - 75008 Paris
Tél. : 45 63 25 63
qui ont préparé les plats photographiés pour illustrer ce livre.

Photos couleurs : J.L. Chardome
Dessins : Alain Alexandra

Ana IANCO

175
RECETTES DE CUISINE
ROUMAINE

Jacques Grancher Éditeur
98, rue de Vaugirard - 75006 PARIS

EXTRAIT DU CATALOGUE

325 recettes de cuisine créole, par Da Mathilde.
250 recettes classiques de cuisine tunisienne, par Edmond Zeitoun.
240 recettes de cuisine marocaine, par Ahmed Laasri.
253 recettes de cuisine algérienne, par Khadidja Obeida.
280 recettes de cuisine libanaise, par Fayez Aoun.
200 recettes de cuisine japonaise, familiale et de tradition, par Katsunori Tamaki.
190 recettes de cuisine grecque, par Jacqueline Biancardi.
220 recettes de cuisine belge d'hier et d'aujourd'hui, par Jacques Andrieu-Delille.
250 recettes de cuisine juive-espagnole, par Méri Badi.
Ma cuisine d'Iran, 300 recettes, par Najmieh Batman.
La cuisine casher française, par Muriel Attia.
256 recettes de cuisine indienne, par Shanti.
250 recettes de cuisine brésilienne, par Elisabeth Salgado-Martins.
200 recettes de cuisine polonaise, par Joanna Jachiewicz.
160 recettes de cuisine suédoise, par Michel Rubin.
200 recettes de cuisine vietnamienne, par Minh Kim.
225 recettes de cuisine mexicaine par M. C. Vera.

★
★ ★

Cuisine-moi un mouton, par Michel et Emmanuel Rubin.
260 recettes de gastronomie légère, par Raymond Benito.
350 recettes et menus à base de produits allégés, par Josiane Mongeot.
La cuisine en papillotes, par Sylvie Girard.

AVANT - PROPOS

POURQUOI des livres de recettes étrangères ? Pour retrouver et perpétrer les racines, nos racines perdues, oubliées, la mémoire d'homme de nos attaches, de notre sentimentalité, de notre morale familiale. Pour que nos enfants et nos petits enfants retrouvent, par le goût, les sensations et les plaisirs de ceux qui nous ont précédés. Pour transmettre les gestes, les couleurs et les saveurs de ces plats qui ont enchanté des générations. Car la table et ses mets restent le lieu de rencontre privilégié de la famille, des amis, des émigrés.

« Partager son pain », « s'arracher le pain de la bouche », comment exprimer de façon plus explicite ce que la nourriture veut dire sur le plan émotionnel !

Qui n'a pas connu ces repas chez des étrangers, des « nés ailleurs », où cette messe athée qu'est la nourriture consommée en commun finit par évoquer, mieux qu'un récit de voyage, la sensibilité, les caractéristiques et les charmes de ces pays auxquels on accède par la fourchette ?

C'est grâce au goût de saveurs nouvelles que l'on fait les plus lointains périples assis dans la cuisine, c'est avec un seul plat dit « national » que l'on peut évoquer un pays connu.

Car la sensation buccale est la première sensation de l'homme qui, lorsqu'il perd « le boire et le manger » renonce à tout jamais au sel de la vie.

La cuisine roumaine est colorée, mijotée et peu coûteuse.
Elle est simple à réaliser, garde son goût à chaque ingrédient, n'est nullement régionale, s'exporte facilement car ses composants se trouvent dans le monde entier. Si le pain et le sel sont offerts à tous les visiteurs d'un nouveau logis, tout finira par un gâteau, la « colivă », distribué aux participants après les enterrements, afin d'évoquer les défunts et de ne pas se séparer avec amertume.

SOUPE AUX PÂTES FANTAISIE
SUPĀ CU TURNĀȚEI

préparation : 5 mn
cuisson : 10 mn
pour 4 personnes

1 œuf
2 cuillères à soupe de farine
1 verre de lait ou d'eau

Bien battre l'œuf et la farine à la fourchette dans un bol et ajouter le liquide choisi petit à petit pour obtenir une pâte un peu plus épaisse que pour les crêpes.
Avec une cuillère à soupe, laisser tomber dans le bouillon de pot-au-feu qui bouillonne des filaments épais de pâte.
Baisser ensuite le feu et laisser frémir à découvert 10 mn.
Ces pâtes s'appellent en moldave « ZDRENȚE », c'est-à-dire « haillons », ce qui explique bien leur forme une fois cuites.

SOUPE AUX HARICOTS BLANCS MAMAIA
SUPĀ DE FASOLE BOABE

préparation : 15 mn
cuisson : 1 h
pour 6 - 8 personnes

1 kg de haricots blancs secs ou frais
1 oignon haché
1 branche de céleri
1 tomate
4 carottes
1 saucisse de Montbéliard
ou des lardons
1 poignée de tagliatelles brisées
60 gr de beurre
1 morceau de sucre
2 1/2 litres d'eau.
1/2 bouquet persil
sel, poivre

Dans un fait-tout, faire blondir l'oignon dans le beurre, ajouter les haricots blancs

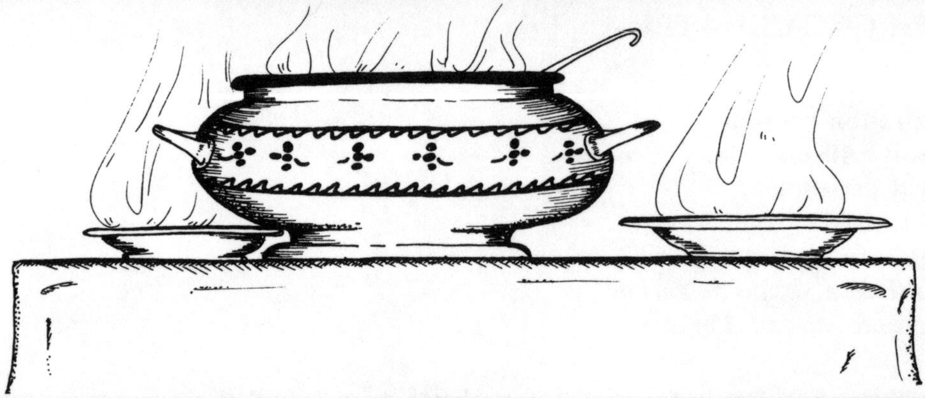

Les Soupes

SOUPE AUX PÂTES FANTAISIE
SUPĀ CU TURNĀȚEİ

préparation : 5 mn
cuisson : 10 mn
pour 4 personnes

1 œuf
2 cuillères à soupe de farine
1 verre de lait ou d'eau

Bien battre l'œuf et la farine à la fourchette dans un bol et ajouter le liquide choisi petit à petit pour obtenir une pâte un peu plus épaisse que pour les crêpes.
Avec une cuillère à soupe, laisser tomber dans le bouillon de pot-au-feu qui bouillonne des filaments épais de pâte.
Baisser ensuite le feu et laisser frémir à découvert 10 mn.
Ces pâtes s'appellent en moldave « ZDRENȚE », c'est-à-dire « haillons », ce qui explique bien leur forme une fois cuites.

SOUPE AUX HARICOTS BLANCS MAMAIA
SUPĀ DE FASOLE BOABE

préparation : 15 mn
cuisson : 1 h
pour 6 - 8 personnes

1 kg de haricots blancs secs ou frais
1 oignon haché
1 branche de céleri
1 tomate
4 carottes
1 saucisse de Montbéliard
ou des lardons
1 poignée de tagliatelles brisées
60 gr de beurre
1 morceau de sucre
2 1/2 litres d'eau.
1/2 bouquet persil
sel, poivre

Dans un fait-tout, faire blondir l'oignon dans le beurre, ajouter les haricots blancs

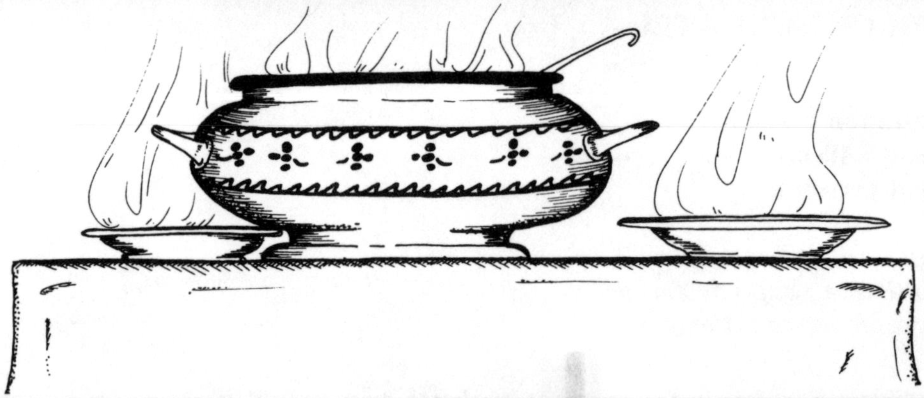

Les Soupes

frais et 2 1/2 litres d'eau froide. Porter à ébullition.
Si les haricots blancs sont secs, leur faire prendre un seul bouillon, jeter cette eau et les mettre ensuite dans le fait-tout à l'eau bouillante afin qu'ils soient plus digestes.
Quand l'eau bout, ajouter céleri, tomate, carottes et persil noué en bouquet. Lorsque les haricots sont presque cuits, ajouter la saucisse de Montbéliard ou les lardons. Goûter, saler et laisser cuire 40 minutes. Goûter. Avant d'éteindre le feu, ajouter les brisures de tagliatelles. Éteindre, couvrir et laisser gonfler cinq minutes.
Retirer alors carottes et persil. Ajouter le sucre et poivrer.
Si la soupe n'est pas assez épaisse, ajouter encore des tagliatelles.

SOUPE AIGRE AUX BOULETTES
CIORBĀ DE PERİŞOARE

préparation : 25 mn
cuisson : 1 h
pour 6 personnes

Soupe :
4 carottes
2 navets
1 morceau ou 1 branche de céleri
2 belles tomates
1 poivron vert
1 tablette de concentré de viande
1 jus de citron
livèche

Boulettes :
400 gr de macreuse hachée
50 gr de mie de pain rassis, essoré
2 cuillères à soupe de riz rond, cuit
1 œuf
2 litres d'eau
persil haché
sel, poivre

Dans un fait-tout, mettre à bouillir dans 2 litres d'eau 2 carottes, 1 navet et le céleri.
Râper 2 carottes et 1 navet et les ajouter.
Couper en carrés les tomates épluchées et épépinées et les poivrons et les ajouter. Laisser cuire 1/2 h.
Faire les boulettes en mélangeant dans un saladier tous les ingrédients. Leur donner la grosseur d'une belle noix et les jeter dans la soupe bouillante en même temps que la tablette de concentré et les feuilles de livèche.
Laisser encore bouillir 1/2 h sur feu doux puis ajouter le jus de citron et

l'assaisonnement.
Enlever les légumes entiers avant de servir.
On peut aussi enrichir ce plat d'un jaune d'œuf et de crème ajoutés dans la soupière.

SOUPE AIGRE DE POULET
CIORBĀ DE PUİ TĀNĀR

préparation : 10 mn
cuisson : 45 mn
pour 4 personnes

1 poulet d'1 kg
coupé en quartiers
1 carotte en rondelles
2 branches de céleri ciselées
1 oignon haché
2 tomates épépinées
3 cuillères à soupe de riz rond
queues d'oignons nouveaux ciselées
aneth ciselé
1 jaune d'œuf
2 cuillères à soupe de crème fraîche
1 1/2 litre d'eau

Dans un fait-tout, mettre l'eau et les abats. Faire bouillir et écumer.
Ajouter ensuite les légumes.
Lorsque le poulet est presque cuit, verser le riz en pluie dans la soupe et laisser encore 20 mn.
Le poulet étant presque cuit, dans la soupière fouetter le jaune d'œuf, la crème et le jus de citron avec une fourchette. Ajouter la soupe en continuant à fouetter.
Cette soupe est un plat complet car elle est servie en recouvrant le poulet de son bouillon au riz dans l'assiette à soupe.

SOUPE AIGRE D'ABATS DE VOLAILLE
CIORBĂ DE POTROACE

préparation : 15 mn
cuisson : 1 h 30 mn
pour 4 personnes

1 kg d'abats de volaille
2 carottes râpées
1/4 de céleri-rave râpé
1 oignon entier
1 navet entier
2 cuillères à soupe de riz rond
aneth et persil ciselés
1 jus de citron
1 1/2 litre d'eau

Mettre à bouillir dans un fait-tout les abats (cou, ailes, gésier).
Écumer puis ajouter les légumes entiers.
Lorsque la soupe est presque cuite, verser en pluie le riz. Laisser frémir 20 mn.
Ajouter enfin les herbes et le jus de citron. Saler. Couvrir 5 mn, puis servir.
Remplacer si possible l'aneth par la livèche ciselée, cette soupe aigre n'en sera que meilleure.
On pourra aussi mettre 1 jaune d'œuf, battu au fond de la soupière afin de rendre cette soupe plus onctueuse.

Les soupes, les sauces, les légumes ont un goût décuplé lorsqu'on leur ajoute une noix de beurre hors du feu.

SOUPE AIGRE DE MOUTON - LENUȚ
CIORBĂ DE MIEL LENUȚA

préparation : 20 mn
cuisson : 1 h 15 mn
pour 6 personnes

1 tête de mouton ou d'agneau
800 gr d'épaule de mouton
1 carotte râpée
1/4 de pomme de céleri
1 oignon haché
600 gr d'épinards
3 cuillères à soupe de riz rond
1 citron en quartiers
1 jaune d'œuf
2 cuillerées de crème
2 litres d'eau
sel, poivre

Dans un fait-tout, mettre la tête et la viande en morceaux à bouillir avec 2 litres d'eau. Écumer. Cuire 1/2 h.
Équeuter, laver et ciseler les épinards.
Ajouter les légumes, sel et poivre à la soupe.
Quand la viande est presque cuite, verser le riz en pluie et laisser encore cuire 20 mn à petit feu.
Dans une grande soupière, battre à la fourchette 1 jaune d'œuf et 2 cuillères à soupe de crème fraîche. Verser par-dessus le contenu du fait-tout en mélangeant.
Dans un ravier, disposer les quartiers de citron dont chacun se servira.
Cette soupe aigre est un plat complet.

SOUPE AIGRE ILEANA
CIORBĂ ILEANA

préparation : 20 mn
cuisson : 1 h
pour 4 personnes

500 gr
de blanquette de veau en morceaux
1 oignon
3 carottes
1 blanc de poireau
1 navet
1 morceau de céleri ou 1 branche
2 tomates épluchées
3 cuillères à soupe de riz rond
2 cuillères à soupe
de crème fraîche épaisse
1 jus de citron
4 feuilles de livèche
2 litres d'eau
sel

Mettre la viande à bouillir dans 2 litres d'eau. Écumer. Ajouter l'oignon, les 2 carottes et le céleri entiers. Maintenir à petits bouillons.
Râper 1 carotte, hacher fin le poireau et couper en morceaux les tomates. Les ajouter à la soupe et saler.
Lorsque la viande est presque cuite, verser en pluie le riz et ajouter la livèche. Cuire encore 15 mn.
Battre dans une soupière crème et citron à la fourchette.
Retirer les légumes entiers de la soupe.
Verser la soupe dans la soupière en continuant à mélanger à la fourchette.
Cette soupe aigre est un plat complet.

SOUPE DE TRIPES
CIORBĀ DE BURTĀ

préparation : 15 mn
cuisson : 1 h 30
pour 6 - 8 personnes

1 kg de tripes nature
1 pied de veau
2 carottes
1 branche de céleri
2 oignons entiers
1 gousse d'ail
3 jaunes d'œufs
2 cuillères à soupe de vinaigre
1 feuille de laurier
sel, poivre
2 litres d'eau

Mettre à bouillir dans 2 litres d'eau les tripes, les légumes en entier, les oignons, l'ail, le pied de veau et l'assaisonnement un peu forcé.
Lorsque les viandes sont cuites, les couper en morceaux (on doit pouvoir les manger à la cuillère à soupe) et les déposer dans une casserole.
Recouvrir du bouillon passé au travers d'une passoire et laisser frémir encore 10 mn.
Dans une grande passoire, battre à la fourchette les jaunes d'œufs avec le vinaigre.
Verser doucement la soupe de tripes par-dessus sans arrêter de mélanger.
Cette soupe est délicieuse brûlante.

SOUPE DE TOMATES FRAÎCHES
SUPĀ DE ROSİİ

préparation : 15 mn
cuisson : 35 mn
pour 4 personnes

1 kg de tomates
1 tablette
de concentré de légumes
1 poivron vert en julienne
1 oignon haché
25 gr de beurre
2 cuillères à soupe de crème fraîche
2 cuillères à soupe de riz rond
1 jus de citron
1 1/2 litre d'eau

Éplucher les tomates et les couper en morceaux.
Faire dorer l'oignon au beurre dans un fait-tout.
Ajouter tomates, poivron, concentré et eau froide.
Lorsque les tomates sont cuites, passer la soupe à la moulinette, grille fine.
Remettre sur le feu et, au premier bouillon, ajouter le riz. Cuire 20 minutes.
Dans la soupière, battre crème et jus de citron à la fourchette. Verser la soupe par-dessus en continuant à battre à la fourchette.
Servir à part du gruyère râpé.

SOUPE DE TOMATES D'HIVER
SUPĀ DE ROSİİ

préparation : 5 mn
cuisson : 20 mn
pour 3 personnes

1 boîte moyenne
de concentré de tomates
1 tablette
de concentré de viande

1 cuillère à soupe de riz rond
1/2 morceau sucre
sel
1 litre d'eau

Délayer dans un litre d'eau le concentré de tomates et la tablette de concentré de viande.
Porter à ébullition.
Laisser tomber en pluie le riz dans le liquide.
Saler, couvrir et laisser frémir 20 minutes.
Cette soupe peut s'accompagner de crème fraîche et fromage râpé ou simplement être acidulée de quelques gouttes de citron.

BORTCH A LA RUSSE
BORȘ RUSESC

cuisson : 2 h
pour 6 - 8 personnes

1/2 chou en julienne
2 carottes râpées
2 betteraves râpées gros
3 pommes de terre en dés
1 boîte moyenne
de concentré de tomates
2 carottes entières
2 betteraves entières
1 poivron entier
2 betteraves râpées gros
1 jus de citron
sel, poivre
2 1/2 litres d'eau
1 kg de rôti de porc
ou 1 kg de poitrine de bœuf

Dans un fait-tout, mettre la viande choisie à bouillir. Écumer.
Ajouter alors tous les légumes, râpés et entiers (sauf les 2 betteraves), le concentré de tomates et l'assaisonnement.
Laisser bouillir, baisser le feu. La soupe doit frémir pendant 1 h 30 mm.
Ajouter alors les 2 betteraves pour renforcer la couleur et laisser encore sur le feu 15 mn.
Lorsque la viande est bien cuite, la retirer du fait-tout.
Retirer aussi les légumes entiers.
On ne consomme que le bouillon et les légumes râpés.
Accompagner de yaourt battu ou de crème fraîche acidulée de citron.
La viande se mange froide accompagnée de pommes de terre sautées et de salade verte.

Les Entrées

TERRINE DE FOIES DE VOLAILLE RIRIM
PATÉ DE FÎCAT DE PASĂRE

préparation : 30 mn
cuisson : 1 h 30
pour 8 personnes

600 gr de foies de volaille
de poulet ou mélangés
300 gr de lard gras
4 oignons
4 œufs
100 gr de farine
1 verre de lait
1 cuillère à soupe d'huile
3 cuillères à soupe d'Armagnac
4 cuillères à soupe de Xérès
4 épices, sel, poivre
beurre

Couper les foies et le lard en petits dés (ne pas hacher).
Faire dorer les oignons dans l'huile.
Dans un saladier, mélanger à la cuillère foies, lard, oignons et leur huile, farine, œufs battus en omelette, lait et les alcools qui peuvent être remplacés par 7 cuillères à soupe de whisky. Assaisonner généreusement.
Dans un moule à soufflé légèrement beurré, tasser à la cuillère le mélange obtenu.
Couvrir de papier d'aluminium.
Enfourner à feu moyen et au bain-marie environ 1 h 1/2.
Laisser refroidir puis mettre au réfrigérateur.

ŒUFS FARCIS AUX FOIES DE VOLAILLE
OUĂ UMPLUTE CU FÎCAT

préparation : 20 mn
cuisson : 10 mn
pour 4 personnes

6 œufs durs
4 foies de poulet cuits ou 2 foies
de lapin cuits
1 noix de beurre en pommade
gelée en sachet
sel, poivre

Couper les œufs transversalement.
Les évider et passer les jaunes à la moulinette grille moyenne puis les foies

au-dessus d'un saladier.
Mélanger à la fourchette en ajoutant le beurre, le sel et le poivre.
Farcir les blancs en leur faisant une surface bombée.
Prendre le sachet de gelée, en suivre les indications du mode d'emploi et en glacer le plat de service.
Disposer les œufs sur le plat.
Hacher au couteau le restant de gelée et le parsemer autour des œufs farcis.
Garder au réfrigérateur jusqu'au moment de servir.

ŒUFS FARCIS SAUCE PIQUANTE
OUĀ UMPLUTE PICANTE

préparation : 15 mn
cuisson : 10 mn
pour 4 personnes

6 œufs durs
2 jaunes d'œufs crus
150 gr d'huile
1 tranche de jambon épaisse
ou 1 blanc de poulet cuit
1 cuillère à café de moutarde forte
3 cornichons au vinaigre
sel

Couper légèrement les 2 extrémités des œufs afin qu'ils puissent trouver leur assise. Les partager en 2 et les évider délicatement avec une petite cuillère de leur jaune.

Réserver les jaunes de 3 œufs.
Avec un batteur électrique, écraser les 3 jaunes restant, leur ajouter la moutarde, les jaunes crus, peu de sel et l'huile en filet comme pour une mayonnaise.
Passer à la moulinette grille moyenne la viande choisie (si c'est le jambon de Paris, bien le dégraisser).
Dans un saladier, écraser à la fourchette les jaunes restant, ajouter la viande, les cornichons coupés menu et une bonne cuillère de sauce.
Farcir les demi blancs d'œufs en leur faisant une surface bombée.
Sur le plat de service, étaler la sauce restante, poser les œufs durs et garnir de quelques feuilles de salade verte ou Trévise, de radis roses et d'olives noires.

PÂTÉ DE FOIE D'OIE
PATÉ DE FÎCAT DE GĀSCĀ

préparation : 30 mn
cuisson : 15 mn
pour 6 personnes

1 foie d'oie
2 jaunes d'œufs durs
150 gr de beurre en pommade
1/4 de litre de lait
gelée en sachet
sel, poivre

Laisser reposer le foie dans le lait froid quelques heures.
L'égoutter et le faire cuire juste recouvert d'eau bouillante et salée. Après 10 minutes, vérifier la cuisson : piquer le foie à la fourchette dans sa partie la plus épaisse : s'il n'en sort pas de jus rosâtre, il est cuit.
Éteindre alors le feu, couvrir, saler, poivrer et le laisser refroidir dans son eau.
Le déposer ensuite sur un torchon et l'escaloper en son milieu pour en retirer 2 tranches que l'on réservera.
Passer le reste à la moulinette grille fine au-dessus d'un saladier. Ajouter les jaunes d'œufs, mélanger puis amalgamer à la cuillère de bois le beurre jusqu'à l'obtention d'une crème. Rectifier l'assaisonnement.
Faire la gelée selon les instructions du mode d'emploi.
Faire prendre la gelée au fond du plat de service.
Déposer au centre du plat, côte à côte, les 2 tranches réservées puis recouvrir de la purée de foie en forme de dôme. Recouvrir le tout de gelée.
Mettre au réfrigérateur 12 heures.

SALADE D'OLIVES NOIRES
SALATĂ DE MĂSLINE

préparation : 15 mn
Pas de cuisson
pour 6 personnes

300 gr d'olives de Grèce
50 gr de mie de pain
1 oignon haché menu
huile

Dénoyauter les olives noires. Les passer à la moulinette.
Tremper la mie de pain dans l'eau froide.
Dans un saladier, mélanger les olives, la mie de pain essorée et émiettée, puis commencer à ajouter de l'huile en tournant à la cuillère de bois.
Terminer par un oignon haché menu.
Servir cette salade en apéritif avec des crakers, entourée de tomates-cerises ou avec des petits toasts grillés. Elle est l'équivalent de notre tapenade en moins salé.

Pour les recettes de cuisine roumaine, il est fort difficile d'indiquer les quantités d'huile car nous consommons les préparations moins grasses en Europe de l'Ouest. C'est pourquoi, il incombe aux cuisinières de moduler les quantités de corps gras à leur convenance.

OLIVES MARINÉES
MASLINE MARINATE

préparation : 30 mn
cuisson : 10 mn
pour 10 personnes

1 kg d'olives noires de Grèce
3 feuilles de laurier
1 citron
vinaigre de vin
1 cuillère à soupe d'huile

Fendre les olives dans le sens de la longueur avec la pointe aiguisée d'un couteau de cuisine.
Les mettre à l'eau froide, porter à ébullition, jeter cette eau et recommencer l'opération.

Les égoutter dans une passoire. Laisser refroidir.
Couper le citron avec son zeste en tranches fines.
Dans un pot en verre ou en grès, disposer les olives par quart de leur quantité en intercalant 1 feuille de laurier et quelques rondelles de citron.
Porter à ébullition le vinaigre, le laisser refroidir et en recouvrir les olives. Terminer par une fine pellicule d'huile.
Fermer le bocal avec son couvercle.
Laisser mariner 3 jours.

Les olives se conservent quelques semaines et s'emploient comme garniture ou se consomment à l'apéritif.
Dans le commerce, on trouve des olives marinées de Calamata vendues en boîte. Elles sont délicieuses.

SALADE DE CAVIAR NOIR PRESSÉ
SALATĀ DE İCRE NEGRE

préparation : 15 mn
pas de cuisson
pour 4 personnes

200 gr de caviar pressé
150 gr de mie de pain au lait sans croûte
300 gr d'huile
1 jus de citron

Tremper la mie de pain dans l'eau froide.
Dans un saladier, écraser le caviar à la fourchette afin de bien l'émietter. Lors-

que les grains sont bien détachés, ajouter la mie de pain bien exprimée et frotter à la cuillère en bois. Quand le mélange est bien homogène, ajouter l'huile en filet et procéder comme pour une mayonnaise, avec le batteur électrique. Finir par le jus de citron.
Dresser cette salade au centre d'un plat, la garnir de radis roses et de longues feuilles de batavia.
Servir avec des toasts ou du pain de campagne grillé.

FROMAGE CACHCAVAL FONDU
CAŞCAVAL LA CAPAC

préparation : 5 mn
cuisson : 5 mn

1 tranche de cachcaval par personne
beurre

Beurrer très légèrement une poêle à fond épais.
Sur feu très vif, déposer les tranches de fromage et les retourner vivement pour qu'elles soient à la fois fondues et dorées.
Déguster de suite car ce fromage durcit rapidement.

FROMAGE CACHCAVAL PANÉ
CAŞCAVAL PANÉ

préparation : 5 mn
cuisson : 7 mn
pour 4 personnes

4 tranches de cachcaval
1 œuf
1/2 tasse de farine
chapelure
beurre
1/2 citron

Battre l'œuf en omelette avec quelques gouttes d'huile dans une assiette creuse.
Déposer farine et chapelure dans des assiettes plates.
Mettre sur feu moyen une poêle bien beurrée.
Passer la tranche de fromage dans la farine, puis l'œuf et enfin la chapelure.
Faire frire sur les 2 côtés.

Servir avec le citron coupé en fins quartiers.

Il est bon d'ajouter quelques gouttes d'huile à l'œuf battu pour la panure. En effet, ce mélange adhère mieux et garde mieux la chapelure collée pendant la cuisson.

TARAMA (ŒUFS DE CABILLAUD FUMÉS)
TARAMA

préparation : 15 mn
Pas de cuisson
pour 6 personnes

250 gr d'œufs bien souples
100 gr de mie de pain rassis
huile à volonté
1 jus de citron

Détacher délicatement la membrane qui sert de poche aux œufs.
Laisser la mie gonfler dans de l'eau. Presser entre les paumes des mains sans excès.
Mettre les œufs, le pain et le citron dans un mixer. Battre délicatement. Si le mélange semble trop épais, ajouter du jus de citron pour lui permettre de démarrer.
Ajouter alors l'huile en filet tout en battant.
Lorsque le mélange durcit, le tarama est prêt.
Ne jamais assaisonner.

Le tarama est épais comme une mayonnaise ferme. On le sert avec du pain de campagne grillé et des quartiers de citron.

SALADE D'ŒUFS DE CARPE OU DE BROCHET
SALATĀ DE İCRE DE CRAP SAU DE STİUCĀ

préparation : 30 mn
Pas de cuisson
pour 4 personnes

200 gr d'œufs de carpe ou de brochet
200 gr d'huile environ
50 gr de mie de pain rassis
1 oignon haché menu
1 jus de citron

Dans un plat posé sur les genoux, déposer du côté gauche la poche d'œufs de carpe. A l'aide d'une fourchette, étaler doucement les œufs, en retirer les filaments et les passer à droite du plat.
Humecter la mie dans de l'eau, bien l'exprimer et l'émietter entre les doigts dans un saladier. Avec une fourchette, achever d'émietter la mie.
Ajouter un filet d'huile et commencer à tourner à la cuillère en bois en frottant avec son à plat au fond du saladier.
Ajouter les œufs de carpe, continuer à frotter puis commencer à verser l'huile en filet et d'un mouvement continu pour éviter d'avoir de l'huile stagnante. Finir par le jus de citron.
Si la salade tourne, la reprendre comme une mayonnaise avec un peu de mie mouillée.
On obtiendra une sorte de mayonnaise très épaisse qui se sert dans un plat entourée d'olives noires et de quarts de citron. L'oignon se sert à part et s'ajoute à volonté.
Jamais de mixer, ni fouet électrique, les œufs de carpe se liquéfieraient.
Les œufs de brochet étant un peu gélatineux, la mayonnaise est plus facile à réaliser.

TOMATES FARCIES A LA VIANDE
ROȘII UMPLUTE CU CARNE

préparation : 10 mn
Pas de cuisson
pour 4 personnes

1 reste de poulet bouilli ou rôti
150 gr de champignons de Paris
2 cuillères à soupe de mayonnaise
8 petites tomates
sel, poivre, aneth haché

Enlever à l'extrémité ronde des tomates, un petit couvercle.
Les évider à l'aide d'une petite cuillère, les saler et les retourner dans une passoire afin de les vider de leur eau.
Les laisser s'égoutter pendant une heure.
Hacher au couteau la viande choisie, ajouter la mayonnaise et de fines tranches de champignons.
Farcir les tomates et remettre le petit couvercle.
Poser sur un plat de service et intercaler avec des sardines à l'huile égouttées ou avec des anchois roulés à l'huile.

SALADE RUSSE
SALATĀ RUSEASCĀ

préparation : 20 mn
cuisson : 25 mn
pour 4 - 6 personnes

3 carottes bouillies
3 pommes de terre bouillies en robe des champs
200 gr de haricots verts bouillis
200 gr de petits pois bouillis
3 œufs durs
1 cuillère à café de moutarde forte
huile, vinaigre
sel, poivre

Dans un saladier, couper les carottes et les pommes de terre en dés, les haricots verts par moitié. Ajouter les petits pois.
Hacher les blancs des œufs durs au couteau et les ajouter.
Hacher les cornichons et les ajouter.
Faire la mayonnaise au batteur électrique en écrasant dans un saladier les jaunes d'œufs durs et en rajoutant la moutarde, l'huile en filet, sel et poivre. Finir avec le vinaigre.
Mélanger mayonnaise et légumes.
Servir en accompagnement de viandes et poissons froids, de charcuteries ou simplement entouré de tomates et d'olives noires ou vertes.

SALADE DE BOEUF
SALATĀ DE BOEUF

préparation : 15 mn
cuisson : 30 mn
pour 4 personnes

5 pommes de terre
5 carottes
2 œufs durs
1 reste de bœuf en pot-au-feu
10 cornichons au vinaigre
1 cuillère à café de moutarde forte
huile, vinaigre
sel

Cuire les pommes de terre en robe des champs et les carottes.
Faire durcir les œufs.
Hacher les cornichons et les blancs d'œufs au couteau.
Faire la mayonnaise suivante au batteur électrique. Mélanger les jaunes d'œufs durs avec la moutarde, puis ajouter l'huile en filet.
Couper en dés les pommes de terre épluchées, les carottes et la viande.
Mélanger avec la mayonnaise, les cornichons et les blancs.
Rectifier l'assaisonnement en ajoutant du vinaigre si nécessaire.
Retourner la salade de bœuf sur un plat rond.
Garnir de laitue hachée en julienne. Pour ce faire, rouler les grandes feuilles de laitue comme des cigarettes et les débiter en tranches sur une planchette de bois.

Cette salade est toujours meilleure le lendemain.

L'aneth, très utilisé, remplace chez nous, de mai à octobre, le persil européen dans les plats chauds ou froids.

La France est depuis bientôt deux siècles la nation chérie et admirée de la Roumanie.
Dès 1835, les jeunes princes fils de boyards, tels Ghica, Rosette et Cuza, vinrent séjourner en France où ils se réunirent en un « cercle révolutionnaire » avec Edgar Quinet, Michelet et Lamartine.
En 1856, Napoléon III soutient les provinces qui deviendront la Roumanie, par le traité de Paris. La Moldavie et la Valachie sont désormais autonomes. Trois ans plus tard, ces deux principautés deviendront la Roumanie et Bucarest sera la capitale. Bucarest, petit Paris, rayonnera sur tout le pays. Les écoles françaises et les couvents fleuriront. Le français sera la langue diplomatique et - juqu'à maintenant - presque tous les étudiants le parlent couramment. Après la guerre de 1914-1918, les jeunes Roumains viennent en France pour y faire des études du Médecine et de Droit.
Tout ce qui est français reste un exemple de goût et d'intelligence.

Les Œufs

ŒUFS A LA ROUMAINE
OCHİURİ ROMĀNESTİ

préparation : 5 mn
cuisson : 4 mn
pour 1 personne

2 œufs
25 gr de beurre
vinaigre d'alcool

Mettre à bouillir de l'eau dans une casserole à large ouverture. Ajouter une bonne tombée de vinaigre pour faciliter la coagulation du blanc d'œuf.
Dès l'ébullition, casser les œufs un par un dans une tasse à café et les laisser tomber doucement dans l'eau.
Après avoir mis la quantité voulue d'œufs, baisser le feu et couvrir. Laisser les œufs 3 minutes dans l'eau.
Les retirer avec une écumoire et les déposer sur un torchon légèrement humide afin de bien les sécher sans les coller.
Présenter sur un plat de service bien chauffé, arrosé de beurre fondu presque noir et bien chaud.
Ces œufs « à la roumaine » sont nos « œufs pochés » à la française.
Nappés de sauce blanche et passés au four, ils accompagnent les épinards hachés.

ŒUFS AUX POIREAUX
OCHİURİ CU PRAZ

préparation : 20 mn
cuisson : 10 mn
pour 2 - 4 personnes

4 œufs
4 tranches de pain
3 cuillères à soupe de beurre
1 cuillère à soupe rase de farine
1 tasse de lait
2 blancs de poireaux
parmesan râpé
beurre
sel

Enlever les blancs de poireaux, couper en rondelles très fines dans du beurre.
Dorer les tranches de pain dans du beurre.

On servira à l'apéritif, ou en hors-d'œuvre simple, olives noires de Calamate, confites au vinaigre, salami de Sibiu ou hongrois, carrés de fromage de Braïla (ou feta) et pain craquant, sans oublier les petites piques.

La bonne cuisinière se reconnaît au caviar d'aubergines. Clair de couleur, bien haché, pas trop gras, accompagné d'oignons coupés très fins, de tomates, poivrons et concombres : c'est une entrée presque quotidienne en été.

Dans une casserole, sur feu doux, faire fondre du beurre, ajouter la farine, bien mélanger, ajouter le lait.
Cuire 5 bonnes minutes puis ajouter les blancs de poireaux et le sel.
Cuire les œufs à la roumaine.
Dans un plat à gratin beurré, disposer les tranches de pain, recouvrir avec les œufs. Recouvrir de sauce et saupoudrer de parmesan.
Laisser 5 minutes à four brûlant.

L'argent noircit au contact de l'œuf. Seuls cuillères en bois, inox et plats de faïence ou porcelaine peuvent servir.

ŒUFS DURS FARCIS ANUȚA
OUĀ UMPLUTE ANUȚA

préparation : 15 mn
cuisson : 10 mn
pour 3 - 4 personnes

6 œufs durs
1 cuillère à soupe de chapelure
4 cuillères à soupe de crème fraîche
1 échalotte hachée menu
1/4 de jus de citron
aneth ciselé
beurre
sel

Couper par moitié les œufs durs dans le sens de la longueur et dans leur coquille. Les évider sans casser les coquilles.
Dans un saladier, mettre les œufs passés à la moulinette, la crème, le jus de citron, l'échalotte et mélanger à la fourchette sans trop écraser les œufs. Saler. Parsemer d'aneth.
Farcir délicatement les coquilles de cette préparation en leur donnant un bombé. Les saupoudrer de chapelure en la faisant tenir avec le dos d'une cuillère à café. Dans une poêle à feu doux, faire fondre le beurre et poser doucement les œufs sur leur face bombée. Laisser cuire uniquement sur cette face environ 6 minutes. Les œufs doivent être chauds et dorés.

ŒUFS BROUILLÉS A LA MOLDAVE
SCROB

préparation : 5 mn
cuisson : 5 mn
pour 1 personne

2 œufs par personne
beurre
sel

Sur feu doux, mettre à fondre le beurre dans une poêle.
Casser les œufs directement par-dessus.
Augmenter le feu et mélanger vivement en écrasant les œufs à la cuillère en bois. Saler.
Dès que les œufs, amalgamés par paquet, n'ont plus de liquide, les servir.

On peut déguster le « Scrob » tel quel, ou avec des oignons frais en botte dans lesquels on mordra après les avoir trempés dans du sel.

ŒUFS A LA TOMATE ANUȚA
OCHIURI CU SOS DE ROSII ANUȚA

préparation : 20 mn
cuisson : 10 mn
pour 2 - 4 personnes

4 œufs
25 gr de beurre
1 petite boîte de concentré de tomates
1/2 verre de lait
4 tranches de pain
1 sachet de fromage râpé
sel

Cuire les œufs « mollets », refroidir et écaler.
A feu doux, faire fondre le beurre, ajouter la farine puis le lait en mélangeant à la cuillère en bois et finir par le concentré de tomates. Saler, laisser frémir 10 mn, ajouter du lait si nécessaire.
Faire dorer à la poêle, dans du beurre les tranches de pain ou les toaster et les beurrer légèrement des deux côtés.
Dans un plat à gratin, disposer les tranches de pain, les œufs par-dessus. Napper de la sauce tomate au dernier moment pour éviter de voir gonfler le pain. Saupoudrer de fromage râpé.
Enfourner à four chaud 10 minutes. Le fromage doit être blond clair.

SOUFFLÉ AUX ŒUFS MOLLETS
SUFLE CU OUĀ

préparation : 20 mn
cuisson : 20 mn
pour 3 - 4 personnes

30 gr de beurre
30 gr de farine
1/2 litre de lait
1 oignon haché menu
1 carotte râpée
6 œufs mollets
2 blancs d'œufs
1 paquet de fromage râpé
sel, poivre

Cuire à l'étuvée sur feu doux les légumes dans un peu de beurre.
Faire fondre le beurre, mélanger avec la farine, ajouter le lait et continuer à mélanger jusqu'au premier bouillon. Baisser alors le feu et laisser épaissir la sauce. Eteindre.
Cuire les œufs « à la coque », les plonger dans l'eau froide, les écaler.
Battre en neige les blancs d'œufs (sel), les ajouter délicatement à la sauce tiède ainsi que les légumes et assaisonner.
Dans un plat à soufflé beurré, déposer les œufs, recouvrir de la sauce, saupoudrer de fromage râpé.
Dans un four préchauffé au maximum, enfourner le soufflé, baisser le feu et laisser monter à feu doux environ 15 minutes.

> *On doit toujours ajouter quelques grains de sel au blanc d'œuf avant de le monter en neige pour un plat salé ou sucré. Le sel « tient » en effet la neige ferme.*

POUDING DE MACARONIS
BUDÎNCĂ DE MACAROANE

préparation : 20 mn
cuisson : 25 mn
pour 4 - 6 personnes

250 gr de macaronis
1/5 de fromage de Braïla
1/2 St Florentin
2 œufs
75 gr de beurre
chapelure
sel

Cuire les macaronis cassés en 2 dans de l'eau bouillante salée selon le mode d'emploi.
Dans un saladier, écraser à la fourchette le Braïla. Ajouter le fromage blanc, les œufs et mélanger.
Couper le beurre en petits morceaux et le déposer sur le mélange.
Bien égoutter les macaronis, les mettre dans le saladier et mélanger vivement la composition.
Beurrer un plat à gratin ou un moule à soufflé et le saupoudrer de chapelure.
Déposer les macaronis sans écorcher la chapelure et enfourner à feu vif pendant 20 minutes.
Quand le poudding est bien doré, le retourner sur un plat et servir avec une salade de tomates ou bien entouré d'haricots verts à la crème.

On peut remplacer le Braïla par du cantal râpé.
Braïla est un port du delta du Danube d'où vient un excellent fromage de brebis très apprécié des Roumains. Il est conservé en blocs rectangulaires dans des tonneaux d'eau salée. En Grèce, le même fromage est fait sur place et porte le nom de « Feta . »
Dans les magasins spécialisés, on trouve aussi du fromage de brebis bulgare ou même... corse.
Pour conserver à la maison le braïla, on doit le garder dans un peu d'eau pour éviter le dessèchement.
Ne jamais saler les plats qui comprennent le fromage.

POUDING AU JAMBON
BUDİNCĀ CU ŞUNCĀ

préparation : 25 mn
cuisson : 40 mn
pour 4 personnes

400 gr de jambon de Paris
4 œufs
1 cuillère à soupe de farine
1 cuillère à soupe de sucre
1 tasse de lait
2 cuillères à soupe de crème
chapelure
sel

Hacher à la moulinette le jambon bien dégraissé.
Dans une casserole, faire fondre le beurre, ajouter d'un coup sec la farine puis le lait et mélanger le tout. Sans arrêter de tourner, cuire environ 10 minutes.
Dans la sauce tiède, ajouter 2 jaunes d'œufs et 2 œufs entiers battus en omelette et le jambon.
Beurrer et passer à la chapelure un moule à soufflé.
Verser la préparation.
Enfourner à feu moyen et au bain-marie pendant 40 minutes.
Ce pouding se démoule sur un plat et se sert entouré d'épinards ou de champignons à la crème.

La « budinca » est toujours cuite à l'aide de chapelure et se retourne facilement sur un plat.

POUDING AU PARMESAN
BUDÎNCĂ DE PARMEZAN

préparation : 20 mn
cuisson : 45 mn
pour 4 personnes

3 œufs
125 gr de parmesan râpé
125 gr de beurre en pommade
1 verre de lait
1 cuillère à soupe de farine
chapelure
sel

Dans une casserole, sur feu doux, mélanger farine et lait. Éviter les grumeaux.
Laisser prendre une consistance épaisse.
Battre les blancs d'œufs en neige (sel).
Dans un saladier, mettre le mélange tiède et tout en remuant, ajouter les 3 jaunes d'œufs, le parmesan, le beurre en pommade (pour qu'il puisse s'incorporer facilement) et enfin les blancs.
Dans un moule à soufflé bien beurré et passé à la chapelure, mettre le pouding.
Couvrir de papier d'aluminium.
Enfourner 3/4 d'heure à feu doux.
Retourner le pouding sur un plat de service chauffé.
Ce plat peut être accompagné de haricots verts ou de champignons à la crème ou tout simplement d'une sauce tomate en saucière.

SOUFFLÉ DE CHOU-FLEUR
SUFLE DE CONOPÎDĂ

préparation : 30 mn
cuisson : 35 mn
pour 4 personnes

1 petit chou-fleur
3 œufs
1 oignon haché menu
1 tasse de lait
1 cuillère à soupe rase de farine
2 cuillères à soupe rases de parmesan
75 gr de beurre
gruyère râpé, beurre, sel

Cuire le chou-fleur à l'eau bouillante salée.
Dans une casserole, faire dorer l'oignon dans le beurre, ajouter la farine et le

lait. Bien mélanger et laisser épaissir sur feu doux 10 mn.
Égoutter le chou-fleur et le passer à la moulinette grille moyenne.
Mélanger la sauce et le chou-fleur.
Lorsque le mélange est froid, ajouter les jaunes d'œufs et le parmesan.
Battre les blancs en neige (sel).
Mélanger les blancs avec le chou-fleur.
Beurrer un moule à soufflé, y déposer le mélange saupoudré de fromage râpé.
Enfourner à feu moyen 1/2 h environ.

SOUFFLÉ DE POMMES DE TERRE
SUFLE DE CARTOFİ

préparation : 30 mn
cuisson : 40 mn
pour 6 personnes

500 gr
de pommes de terre
6 œufs
1 pot moyen de crème fraîche
75 gr de beurre pommade
sel, poivre

Mettre à cuire au four les pommes de terre non épluchées.
Gratter ensuite la pulpe à l'aide d'une cuillère et la déposer dans un saladier.

L'écraser à la fourchette puis ajouter 60 gr de beurre et la crème fraîche.
Fouetter les 6 blancs en neige (sel). Ajouter au mélange 4 jaunes d'œufs puis les blancs en neige en soulevant doucement la masse afin de ne pas casser les œufs.
Bien beurrer un grand moule à soufflé. Y déposer le mélange en lui donnant une forme de dôme.
Recouvrir du restant de beurre.
Enfourner à four moyen 35 mn.
Laisser dorer.

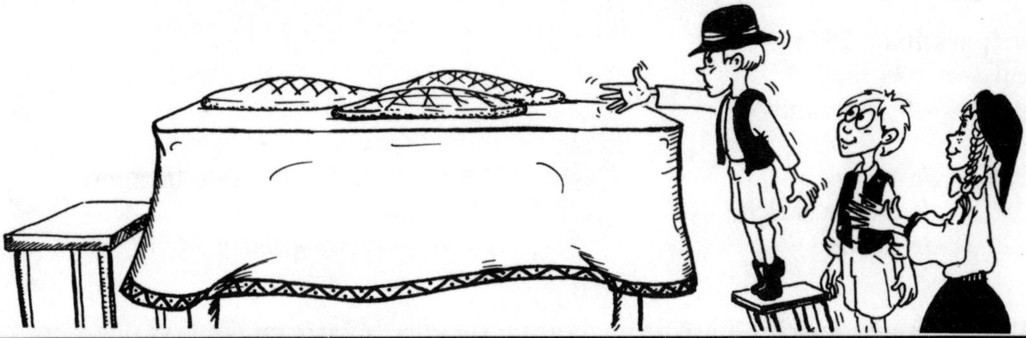

Les Galettes

PÂTE A PLACINTA (galette)
ALUAT DE PLĀCİNTĀ

préparation : 20 mn
cuisson : 30 mn
pour 6 - 8 personnes

280 gr de beurre
250 gr de crème fraîche
320 gr de farine
sel ou 2 cuillères à café de sucre
chapelure
1 moule rectangulaire 24/30 cm

Bien mélanger tous les ingrédients dans un saladier, mettre en boule et déposer au réfrigérateur quelques heures.
Une heure avant la cuisson, reprendre la pâte, l'étaler au rouleau sur une table farinée et replier en trois comme une feuille de papier à lettre.
Diviser cette pâte en 2 morceaux.
Étaler la première moitié dans un grand moule rectangulaire. Piquer avec une fourchette. Enfourner à feu doux pendant 1/2 h pour obtenir une couleur dorée.
Cette partie inférieure de la placinta sera obligatoirement saupoudrée de chapelure (afin d'absorber toute humidité) avant d'être garnie de Braïla, de viande ou de fromage sucré.
Recouvrir de la seconde moitié de pâte étalée au rouleau.
Laisser cuire à four moyen 1/2 h environ en surveillant.
Découper en carrés.
Servir chaud (même réchauffé).

TRICORNES AU FROMAGE
COLŢUNASİ CU BRİNZĀ

préparation : 15 mn
cuisson : 20 mn
pour 4 personnes

1 St Florentin
4 œufs
farine
100 gr de beurre
sel

Mélanger à la fourchette le fromage et 1 œuf pour en faire une pâte homogène.

Dans un saladier, mettre 2 œufs entiers, un peu d'eau mesurée avec une demi coquille d'œuf et autant de farine (même mesure), mélanger du bout des doigts en ajoutant, s'il le faut, un peu de farine et de l'eau pour obtenir une pâte souple.
Sur une table farinée, étaler la pâte au rouleau sur une épaisseur d'un centimètre.
Couper des carrés de 5 cm de côté. Déposer en leur milieu la farce jusqu'à épuisement.
Replier un angle du carré sur celui qui lui fait face et pincer la pâte tout du long pour fermer le tricorne.
Dans un fait-tout d'eau bouillante à peine salée, plonger les tricornes et laisser frémir pendant 15 mn.
Bien les égoutter et les arroser de beurre fondu très chaud.
Ces tricornes se font juste avant d'être consommés.

Le St Florentin est un délicieux fromage qui entre dans la préparation de beaucoup de plats. Il faut toujours jeter l'eau qui remonte à la surface. C'est pourquoi il est impossible de dire, de façon précise, combien de farine il faut ajouter lorsqu'on ignore le degré d'humidité du fromage.

Les feuilles de filo se trouvent dans les magasins spécialisés. Il est recommandé de les couper avec des ciseaux ménagers de la taille du moule, leur dimension étant de 30 cm x 40 cm environ. On peut les conserver pendant une semaine dans un sachet en plastique roulé dans un torchon et déposé dans le réfrigérateur. Ne pas sortir du sachet toutes les feuilles d'un coup car elles dessèchent avec une rapidité déconcertante. L'emploi d'un pinceau (ou d'une plume d'oie à la campagne) est indispensable pour beurrer légèrement chaque feuille de filo.

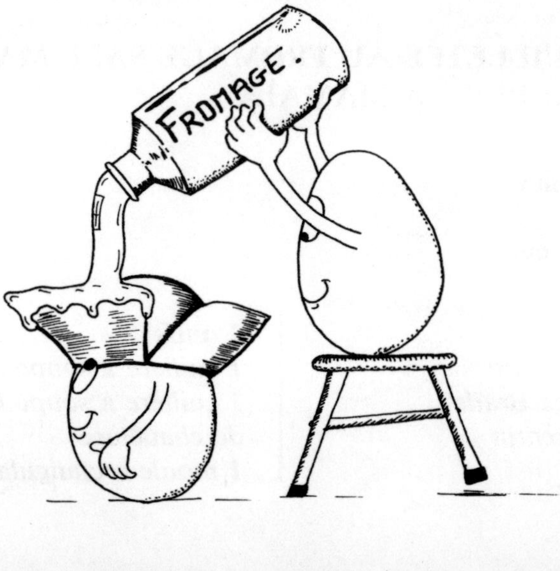

GALETTE AU FROMAGE SUCRÉ
PLĀCİNTĀ CU BRİNZĀ DE VACĀ

préparation : 30 mn
cuisson : 40 mn
pour 8 - 10 personnes

10 feuilles de filo
50 gr de beurre fondu
300 gr de St Florentin
2 œufs
100 gr de raisins de Corinthe
2 paquets de sucre vanillé
2 cuillères à soupe de sucre en poudre
1 cuillère à soupe rase de farine
1 moule rectangulaire 24 × 30 cm

Mettre à gonfler les raisins secs dans l'eau chaude.
Écraser le St Florentin à la fourchette. Ajouter les œufs, les raisins secs bien égouttés, les sucres et saupoudrer de farine. Bien mélanger.
Beurrer légèrement le moule.
Superposer 5 feuilles de filo en alternant avec le beurre passé au pinceau.
Sur la 5ème feuille, saupoudrez la chapelure.
Étaler le fromage puis bien le lisser avec une lame de couteau.
Recouvrir avec les 5 feuilles restantes en les alternant de beurre. Beurrer la dernière feuille.
Enfourner à feu moyen pendant 35 mn.
Servir tiède, en morceaux, saupoudré de sucre glace.
On peut remplacer les feuilles de filo par la pâte à placinta (recette indiquée).

GALETTE FEUILLETÉE AU FROMAGE SALÉ MAMAIA
PLĀCİNTĀ CU BRINZĀ MAMAİA

préparation : 30 mn
cuisson : 40 mn
pour 8 - 10 personnes

10 feuilles de filo
50 gr de beurre fondu
150 gr de fromage Braïla
300 gr de St Florentin
3 œufs
1 cuillère à soupe rase de farine
1 cuillère à soupe bombée de chapelure
1 moule rectangulaire 24 × 30 cm

Beurrer 1 moule de la taille d'une feuille de filo.
Mettre l'une sur l'autre 5 feuilles de filo que l'on aura enduites légèrement de beurre fondu tiède passé au pinceau.
Sur la dernière feuille, ne pas mettre de beurre mais saupoudrer la chapelure afin de sécher le fromage à la cuisson.
Passer à la moulinette, grille fine, le Braïla et le mélanger au St Florentin. Ajouter les œufs, saupoudrez avec la farine et bien mélanger pour obtenir une crème bien lisse.
Étaler cette farce et commencer à recouvrir de feuilles sans appuyer. Remettre le beurre comme précédemment et cette fois, aussi sur la 5ème feuille.
Enfourner à feu moyen 35 minutes.
La galette doit être d'un blond soutenu.
Couper en morceaux, de 5 à 6 cm, dans le moule de cuisson.
Servir tiède (ou tiédie) avec de la crème fraîche en saucière.
On peut remplacer les feuilles de filo par la pâte à placinta (recette indiquée).

GALETTE A LA VIANDE
PLACÎNTĂ CU CARNE

préparation : 30 mn
cuisson : 40 mn
pour 8 - 10 personnes

10 feuilles de filo	*1 oignon haché menu*
500 gr de macreuse hachée 2 fois	*2 œufs*
2 cuillères à soupe d'huile	*sel, poivre*
2 cuillères à soupe de crème fraîche	*1 moule rectangulaire 24 / 30 cm*

Dans une grande poêle, faire dorer à l'huile l'oignon. Ajouter la viande, laisser prendre couleur, verser un verre d'eau et faire cuire 10 mn à feu moyen.
Après complète évaporation de l'eau, dans la viande tiède, mélanger les œufs battus en omelette afin d'assouplir la farce.
Préparer les feuilles comme d'habitude, mettre la farce bien étalée, recouvrir et enfourner à feu moyen 35 mn.
On peut remplacer les feuilles de filo par la pâte à placinta (voir recette indiquée).

GALETTE AUX POMMES
PLĂCINTĂ CU MERE

préparation : 40 mn
cuisson : 45 mn
pour 8 - 10 personnes

Pâte :
280 gr de beurre en pommade
250 gr de crème fraîche
320 gr de farine
2 cuillères à soupe de sucre

1 moule rectangulaire 24 × 30 cm

Farce :
1,500 kg de pommes Canada ou Reine des Reinettes
75 gr de beurre
2 cuillères à soupe de sucre
100 gr de raisins blonds
2 sachets de sucre vanillé

Dans un saladier, mélanger du bout des doigts beurre, crème, farine et sucre.
Mettre en boule et laisser quelques heures au réfrigérateur.
Retirer 1 heure avant la cuisson.
Éplucher et couper les pommes en tranches.
Dorer dans une poêle avec tout le beurre.
Ajouter ensuite les sucres et les raisins secs (gonflés dans de l'eau chaude et bien égouttés). Laisser refroidir à couvert 2 h.
Dans un moule carré ou rectangulaire, étaler la moitié de la pâte abaissée au rouleau. Bien marquer les angles, piquer à la fourchette.
Enfourner à four moyen 15 mn.
Retirer du four, recouvrir de pommes et bien les étaler avec le dos d'une cuillère.
Ajouter la seconde abaisse et piquer légèrement à la fourchette.
Cuire à four moyen 1/2 heure.
Couper en carrés lorsque le gâteau est tiède.
Ne démouler que lorsque cette galette est bien refroidie.

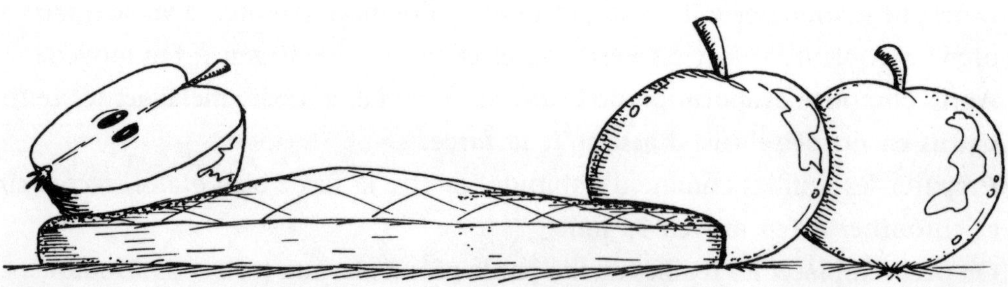

GALETTES FRITES AU FROMAGE BLANC
PAPANASİ PRĀJİŢİ

préparation : 15 mn
cuisson : 15 mn
pour 4 personnes

1 St Florentin
3 œufs
3 cuillères à soupe de farine
sucre en poudre
cannelle en poudre
crème fraîche
beurre

Dans un saladier, mélanger au batteur électrique le St Florentin, les jaunes d'œufs et la farine.
Battre en neige les blancs (sel) et les ajouter délicatement au fromage.
A l'aide d'une cuillère, prélever des boulettes que l'on roulera à peine dans les paumes et que l'on aplatira ensuite en une galette épaisse.
Dans une poêle avec beaucoup de beurre, laisser dorer doucement.
Servir très chaud.
Chaque convive saupoudre ses galettes de sucre et de cannelle. On peut y ajouter de la crème fraîche à température ambiante.

GALETTES BOUILLIES AU FROMAGE BLANC
PAPANAŞİ FİERŢİ

préparation : 15 mn
cuisson : 15 mn
pour 4 personnes

1 St-Florentin
2 œufs
2 cuillères à soupe de farine
sucre en poudre
cannelle en poudre
beurre fondu ou crème fraîche

Dans un saladier, mélanger au batteur électrique le St-Florentin, les œufs et la farine.
Essayer de rouler entre les mains farinées des boulettes de la grosseur d'un œuf.
Si la pâte est trop molle, lui rajouter un peu de farine.

Lorsque la boulette est bien ronde, appuyer le pouce en son milieu pour faire un trou.
Dans un fait-tout d'eau bouillante, jeter les boulettes et laisser frémir pendant 10 mn.
Égoutter à l'écumoire et servir immédiatement.

Chaque convive saupoudre ses galettes au fromage de sucre, de cannelle et les arrose de beurre fondu bien chaud ou de crème fraîche à température ambiante.
Le trou effectué au milieu des galettes permet à l'eau bouillante de pénétrer au cœur de la pâte et de cuire de la même façon l'extérieur et l'intérieur.

KNÖDEL
KNÖDEL

préparation : 35 mn
cuisson : 15 mn
pour 4 personnes

5 grosses pommes de terre
35 gr de farine
1 œuf
1/2 verre de lait
2 cuillères à soupe de semoule fine
sel

Mettre à bouillir les pommes de terre en robe des champs. Laisser ensuite tiédir.
Les éplucher. Mixer les pommes de terre, la farine, le sel, le lait, l'œuf et la semoule.
Faire ensuite des boulettes de la grosseur d'un œuf et laisser reposer.
Pendant ce temps, remplir un fait-tout aux 3/4 d'eau et porter à ébullition.
Pocher alors les boulettes dans l'eau frémissante pendant 10 mn. Égoutter et servir.

Ces knödel accompagnent goulaches, plats en sauce et gibiers.

Les œufs de brochet, entourés de grosses olives noires, arrosés de quelques gouttes de citron, accompagnés de la délicieuse tsuica roumaine, quel régal !

Poivrons farcis garnis de tomates, tomates farcies garnies de poivrons, le tout adouci de crème fraîche ou de yaourt, plat typique, mijoté et coloré.

Les Farcis

BOULETTES DE POIREAUX ILEANA
CHİFTELE DE PRAJ

préparation : 30 mn
cuisson : 40 mn
pour 4 personnes

1 kg de macreuse hachée
2 kg de poireaux
2 œufs
2 blancs d'œufs
2 cuillères à soupe de farine
1 grande boîte de concentré de tomates
huile
1 morceau de sucre
sel, poivre

Ne garder que le blanc des poireaux et le vert tendre.
La veille, cuire les poireaux à l'eau bouillante et les laisser égoutter et sécher.
Le lendemain, les couper en fines rondelles et bien les presser encore pour les débarrasser de toute leur eau.
Dans un saladier, mélanger les poireaux, la viande, les œufs entiers, les blancs, 1 cuillère à soupe de farine, sel et poivre.
Ajouter doucement du reste de farine ce qu'il faut pour pouvoir former des boulettes à l'aide d'une cuillère à soupe.
Frire ces boulettes à l'huile en les déposant délicatement dans la poêle.
Dans une cocotte, délayer le concentré de tomates dans 2 fois son volume d'eau.
Ajouter le sucre.
Sur feu doux, après un premier bouillon, déposer les boulettes frites dans la sauce tomate.
Lorsque toute la viande est placée, déglacer la poêle en prélevant un peu de jus, bien gratter les sucs et mettre dans la cocotte.
Cuire une bonne 1/2 h à petits bouillons et à couvert.
Réchauffer ce plat le lendemain à feu doux et à découvert. Il finira de cuire et aura plus de goût. On déguste ces boulettes en les écrasant légèrement dans leur jus.
On pourra aussi garnir de tagliatelles : pas très roumain, mais très bon.

Mamaïa, la mère d'Ileana, prélevait un peu de viande hachée et quelques feuilles en « tube » de poireaux de 10 cm de long. Elle les farcissait, les cuisait sur le dessus des boulettes et en garnissait le plat au moment de le servir.

MOUSSACA
MUSACA DE VÎNETE

préparation : 40 mn
cuisson : 45 mn
pour 6 personnes

750 gr de viande hachée
échine de porc et macreuse
1 kg d'aubergines non pelées
4 tomates
2 oignons hachés
1 gousse d'ail hachée
1 œuf
2 carottes crues
2 pommes de terre crues
1 cuillère à soupe de crème fraîche
1 boîte moyenne de concentré de tomates
chapelure
noix de muscade, sel, poivre.

Couper les têtes d'aubergines et puis les trancher en rondelles épaisses. Les saler et les laisser dégorger.
Dans une poêle, faire dorer à l'huile la viande, l'oignon et l'ail.
Hors du feu, quand la viande est tiède, lui ajouter l'œuf battu, sel, poivre et noix de muscade râpée.
Mixer carottes et pommes de terre et les ajouter à la viande ainsi que la crème fraîche. Bien mélanger à la fourchette.
Sécher au torchon les aubergines, les frire à la poêle dans beaucoup d'huile pour bien les saisir.
Les déposer sur un papier absorbant. Bien les essuyer de leur huile.
Prendre un plat à gratin à hauts bords et le tapisser entièrement avec les aubergines. Saupoudrer de chapelure, recouvrir de viande, alterner avec les aubergines et finir par ce légume.
Couper les tomates en tranches très épaisses, en recouvrir les aubergines.
Délayer le concentré de tomates dans 2 fois son volume d'eau et verser pardessus les tomates.
Enfourner à feu moyen 40 mn.
La moussaca est cuite lorsqu'elle est sèche mais moelleuse.
La retourner alors sur un plat de service et la servir coupée en carrés ou en tranches comme un gâteau.

Cette moussaca est un peu différente de la grecque, mais elle est de ce fait plus légère et moins riche.

FEUILLES DE VIGNE FARCIES
SARMALE CU FOÌ DE VÌȚĂ

préparation : 40 mn
cuisson : 1 h
pour 4 personnes

500 gr d'agneau haché
1 grande boîte de feuilles de vigne
1 petit oignon haché menu
3 tomates
1 cuillère à soupe de riz rond
1 petite boîte de concentré de tomate
1/2 cuillère à soupe de persil haché
sel, poivre

Rincer l'une après l'autre les feuilles de vigne dans une passoire. Les équeuter.
Faire dorer dans un peu d'huile l'oignon et le riz, puis ajouter 1/4 de tasse d'eau chaude. Éteindre et couvrir. Laisser le riz absorber l'eau.
Dans un saladier, mélanger la viande, le riz tiède, le persil et l'assaisonnement.
Prendre une feuille de vigne, l'étaler sur la paume de la main, déposer une petite noix de viande et procéder comme pour les choux. On obtiendra des feuilles farçies de la taille d'une saucisse cocktail.
Disposer dans une cocotte quelques tranches de tomates, des feuilles de vigne entières, des feuilles farcies rangées côte à côte et recommencer jusqu'à épuisement de la viande. Disposer alors une couche de feuilles, quelques tranches de tomates, arroser avec le concentré délayé dans 3 fois son volume d'eau.
Couvrir et laisser mijoter à feu doux 45 mn.
Finir de cuire à four doux.

Ce plat doit être réchauffé (à four doux) le lendemain pour être meilleur. Il se sert avec de la polenta, de la crème fraîche ou du yaourt battu à la fourchette présentés dans une saucière.

Pour frire au beurre, ajouter un peu d'huile afin d'éviter que la friture noircisse.

POIVRONS ET TOMATES FARCIS
ARDEI ȘI ROȘII UMPLUTE

préparation : 20 mn
cuisson : 1 h
pour 4 - 6 personnes

500 gr de macreuse hachée
4 poivrons
4 tomates moyennes
1 tasse à café de riz
1 oignon haché menu (facultatif)
1 boîte de concentré de tomates de 142 ml
1 cuillère à soupe de farine
huile
sel, poivre
persil haché

Cuire le riz à moitié dans l'eau bouillante.
Dans un saladier, bien malaxer ensemble viande, oignon (facultatif) blondi à l'huile, assaisonnement et persil.
Avec un couteau bien aiguisé, couper le capuchon des poivrons, les évider de leurs graines, les rincer et les mettre à égoutter.
Procéder de la même façon avec les tomates sans toutefois détacher complètement le capuchon.
Mixer les bords des capuchons des tomates avec l'intérieur des tomates.
Dans une casserole, sur feu doux, mettre le jus des légumes délayé avec le concentré de tomates et avec la farine. Ajouter un peu d'eau. Arrêter au premier bouillon.
Farcir les poivrons et les tomates en remettant les capuchons de ces dernières.
Déposer dans un grand fait-tout les poivrons couchés et les tomates le capuchon en l'air. Recouvrir de toute la sauce.
Mettre à bouillonner à couvert sur feu doux pendant 1 h. Vérifier alors la cuisson et ajouter un peu d'eau si la sauce semble un peu courte.

Meilleur lorsqu'il est réchauffé (à feu doux) le lendemain, ce plat s'accompagne de crème fraîche ou de yaourt battu servi en saucière.
On peut aussi ajouter des courgettes non épluchées coupées en deux dans le sens de la largeur. Les évider de leurs graines à l'aide d'une cuillère à café. Farcir comme indiqué.

Le Danube bleu à Vienne, trace un lit large et majestueux en traversant la Roumanie. Sombre et tumultueux, à travers les Carpathes couvertes de forêts noires et denses, il s'est creusé un passage : « les Portes de Fer ». Ce défilé aux parois abruptes et menaçantes est franchi par les esturgeons dont seuls les plus forts survivent. Depuis Trajan et ses colonnes romaines, le flot menaçant du fleuve tant aimé a rempli d'une crainte sacrée ses visiteurs.
Marquet, qui séjourna à Galatz en 1933, y peignit quelques toiles et fit aussi plusieurs croquis des Portes de Fer que l'on retrouve dans son carnet « Le Danube, Voyage de Printemps ». Curieusement, pour le peintre, le Danube est devenu blond !

Les Poissons

BROCHET FARCI
STIUCĀ UMPLUTĀ

préparation : 1 h
cuisson : 1 h
pour 4 - 6 personnes

1 brochet d'environ 3 livres
2 œufs
2 carottes entières
4 oignons hachés grossièrement
1/2 bouquet de persil
75 gr de mie de pain rassis
2 cuillères à soupe d'huile
sel, poivre blanc
1 mousseline

Laver le brochet, le sécher. Pratiquer au couteau pointu une entaille le long de la tête pour détacher uniquement la peau du poisson. Même opération à la queue.
Procéder en tirant comme pour retourner un gant. Retirer toute la peau avec délicatesse, la remettre à l'endroit, la déposer dans une assiette creuse et saupoudrer de sel. Laisser dégorger.
Détacher soigneusement la chair du poisson de ses arêtes.
La mixer lentement avec l'huile, les œufs, la mie de pain (trempée dans du lait et essorée), sel et poivre.
Égoutter et sécher soigneusement la peau du brochet en la tapotant.
Coudre avec un fil double l'ouverture de la queue et du ventre ou se servir de cure-dents très serrés.
Farcir avec précaution la peau pour ne pas la déchirer. Fermer à la tête selon la méthode choisie.
Dans une poissonnière, mettre les carottes, les oignons, le persil et les parures du brochet serrées dans une mousseline. Déposer le poisson farci et la tête (sans les yeux !). Couvrir tout juste d'eau.
Laisser cuire à feu doux et à couvert en surveillant environ 1 h. Laissez tiédir.
Dans un plat creux de service, mettre avec précaution le poisson coupé en tranches et reconstitué (enlever les fils ou les cure-dents) avec la tête à sa place.
Garnir avec les carottes coupées en rondelles.
Jeter le persil et les parures bien exprimées de leur jus.
Passer à la moulinette les oignons au-dessus du poisson. Arroser de jus pour qu'ils soient entourés de gelée.
Mettre au réfrigérateur.

Si on désire manger le brochet farci chaud, on le dépose une fois prêt à cuire

Dans un plat à gratin et on le cuit au four. Arroser au beurre afin d'éviter que la peau du poisson ne se dessèche.

ESTURGEON AU GRIL (BARBECUE)
HİSETRU LA GRĀTAR

préparation : 5 mn
cuisson : 10 mn
pour 4 - 5 personnes

1 kg d'esturgeon en tranches
huile
2 citrons

Laisser dégorger les tranches de poisson dans le sel le temps d'obtenir une bonne braise.
Les essuyer, les passer dans un peu d'huile et les griller.
Servir accompagné de quartiers de citron.

BOULETTES DE POISSON
CHİFTELE DE PESTE

préparation : 15 mn
cuisson : 10 mn
pour 3 personnes

250 gr de restes de poisson cuit
100 gr de mie de pain rassis
2 œufs
1 paquet de fromage râpé
farine
huile
aneth ciselé
lait
sel, poivre

Tremper le pain dans du lait, bien l'exprimer.
Dans une moulinette grille moyenne, passer la mie de pain et les restes de poisson au-dessus d'un saladier.
Ajouter les œufs, l'aneth, le fromage râpé et l'assaisonnement.
Former des boulettes, les fariner et les dorer dans l'huile à la poêle.
Les boulettes peuvent être agrémentées d'un coulis de tomates ou servies accompagnées de légumes verts cuits à l'eau et légèrement beurrés.

CARPE MARINÉE
CRAP MARÎNAT

préparation : 40 mn
cuisson : 25 mn
pour 6 - 8 personnes

1 kg 1/2 de poisson (1 belle carpe)
1 kg 1/2 d'oignons
1 verre de vinaigre
1 boîte moyenne de concentré de tomates
1 citron non épluché
3 feuilles de laurier
huile, farine
sel, poivre en grains
olives noires

Faire couper la carpe en tranches.
Saupoudrer les tranches de sel puis laisser dégorger.
Les sécher, fariner et faire dorer à l'huile dans une cocotte. Laisser cuire.
Retirer les morceaux de poisson et, dans la même huile, faire revenir doucement les oignons, ajouter 1 pointe de couteau de farine, mélanger, ajouter le vinaigre, 1 verre d'eau, le concentré de tomates dilué dans son volume d'eau et le poivre en grains.
Laisser cuire 20 mn environ. La sauce doit être courte.
Ajouter le laurier. Couvrir. Laisser tiédir.
Dans une soupière, déposer le poisson encore tiède, alterner avec des tranches de citron très fines, arroser de la sauce passée au tamis fin. Bien écraser les oignons avec le dos d'une cuillère de bois. Le poisson doit juste être recouvert.
Ajouter quelques olives noires, couvrir et mettre au réfrigérateur.
Laisser le poisson s'imprégner de la sauce une journée.

CROQUETTES DE POISSON
CROCHETE DE PESTE

préparation : 20 mn
cuisson : 10 mn
pour 3 - 4 personnes

250 gr de restes de poisson cuit
4 belles pommes de terre
2 œufs
chapelure
aneth ciselé
huile
sel

Cuire les pommes de terre épluchées à l'eau salée.
Passer les restes de poisson et les pommes de terre à la moulinette grille moyenne au-dessus d'un saladier. Ajouter les œufs, l'aneth et le sel.
Bien amalgamer à l'aide d'une fourchette.
Former des croquettes, les passer à la chapelure et les faire frire à l'huile très chaude.
Bien égoutter. Servir avec des quartiers de citron.

COULIBIAC
COULİBIAC

préparation : 30 mn
cuisson : 35 mn
pour 6 personnes

1/2 paquet de pâte feuilletée en rouleau
200 gr de saumon frais bouilli
70 gr de riz bouilli
2 œufs durs
1 jaune d'œuf
100 gr de champignons de Paris crus

Hacher grossièrement au couteau les œufs durs et les champignons.
Étaler la pâte sur une planche farinée.
Mettre en son milieu et tout du long : une couche de riz, un œuf dur, la moitié des champignons, tout le saumon épluché et bien émietté, le reste des champignons, un œuf dur et finir par le riz.
Replier la pâte en la serrant et refermer les côtés.
Beurrer une plaque allant au four et y disposer le coulibiac, la fermeture de la pâte en-dessous. Dorer avec le jaune d'œuf passé au pinceau. Cuire à four moyen 1/2 heure.
Servir chaud avec, en saucière, de la crème fraîche acidulée d'un jus de citron.

Pour réussir ce plat, il faut bien laisser égoutter poisson et riz une fois cuits.

Avant de frire poissons, viandes ou légumes, bien les sécher avec du papier absorbant.

RAGOÛT DE POISSON
PLACHİE DE CRAP

préparation : 30 mn
cuisson : 15 mn
pour 4 - 6 personnes

1 kg de carpe (ou mulet, roussette ou colinot)
3 oignons en tranches
1 petite boîte de concentré de tomates
1 citron non épluché
1 verre de vin rouge
2 feuilles de laurier
farine, huile
sel, poivre en grains

Faire trancher le poisson en tronçons, le saler et le laisser reposer.
Dorer les oignons à l'huile dans une cocotte, ajouter le vin, le concentré de tomates, le citron coupé en tranches, l'assaisonnement. Couvrir et laisser mijoter.
Essuyer le poisson, le fariner et le faire dorer dans une poêle bien huilée à feu vif.
Déposer les tronçons de poisson dans la cocotte.
Passer l'huile de cuisson sur le poisson.
Ajouter 1/2 verre d'eau chaude.
Laisser faire quelques bouillons.
Le poisson doit refroidir dans la cocotte avec le laurier.
Servir dans un plat creux recouvert de sa sauce et entouré de quartiers de citron.

STERLÉ AU GRIL (BARBECUE)
CEGĀ LA GRĀTAR

préparation : 5 mn
cuisson : 10 mn
pour 4 - 5 personnes

1 kg de sterlé non écaillé
beurre fondu
2 citrons

Laver les poissons.
Les fendre de la tête à la queue, les passer au beurre fondu et les griller au barbecue. Cette cuisson doit être vive et rapide pour éviter de dessécher le poisson.
En le retournant, remettre du beurre fondu sur le poisson.
Avant de servir, tirer sur la peau du poisson qui se détachera très facilement.
Servir accompagné de quartiers de citron.

TANCHE A LA COCOTTE
MANCARE DE LÎN

préparation : 15 mn
cuisson : 35 mn
pour 4 - 5 personnes

1 kg de tanches (environ 3 poissons)
300 gr de champignons de Paris
1 oignon haché menu
1 verre de vin blanc
1 jaune d'œuf
100 gr de beurre
farine
huile
sel

Faire enlever l'arête centrale des poissons.
Les laver et les saupoudrer de sel fin pour les faire dégorger.
Dans une cocotte, faire étuver au beurre les champignons coupés en tranches et les oignons.
Éponger les poissons, les fariner et les dorer à la poêle dans un mélange de beurre et d'huile.
Les déposer ensuite dans la cocotte sur les légumes, ajouter le vin et l'assaisonnement. Couvrir et laisser mijoter une bonne 1/2 heure.
Présenter les tanches sur un plat bien chauffé avec les légumes autour.
Fouetter rapidement le jaune d'œuf avec le jus de la cocotte et le verser sur les poissons.

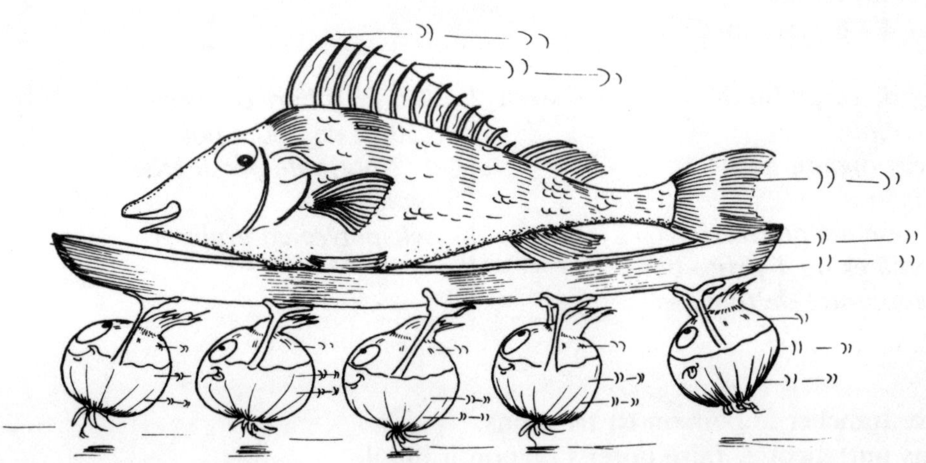

TRUITES AU GRIL (BARBECUE)
PĀSTRAVİ LA GRĀTAR

préparation : 5 mn
cuisson : 5 mn
pour 1 personne

1 truite par personne
beurre
papier d'aluminium
sel, poivre

Bien sécher la truite laissée dans sa peau.
Beurrer légèrement le poisson sur ses 2 faces.
Saler et poivrer à l'intérieur.
Déposer sur un rectangle de papier d'aluminium. Faire une papillotte bien serrée aux 2 bouts.
Déposer sur la grille du barbecue et laisser cuire 5 mn des 2 côtés.
Servir dans la papillotte.

On pourra cuire au four la truite de la même façon. Compter 20 mn.

RATATOUILLE DE POISSON
GHİVECİU DE CRAP

préparation : 25 mn
cuisson : 50 mn
pour 4 - 6 personnes

1 kg de carpe ou de mulet, roussette ou colinot
1 gros oignon haché
3 carottes
1/2 pomme de céleri
4 tomates ou 1 petite boîte de concentré de tomates
250 gr d'haricots verts
250 gr de petits pois
1/2 botte de persil frisé
huile
sel, poivre en grains

Faire trancher le poisson en tronçons.
Dans une cocotte, faire dorer l'oignon à l'huile.

Ajouter ensuite les carottes et le céleri coupés en fines tranches. Couvrir et faire suer 5 mn.
Ajouter alors les haricots verts coupés en 2, les petits pois, le persil ciselé et les tomates coupées en gros dés (ou le concentré délayé dans son volume d'eau).
Couvrir d'un verre d'eau, disposer les morceaux de poisson et assaisonner.
Laisser cuire à l'étuvée environ 3/4 d'h.
Surveiller la sauce qui doit être courte (ajouter, s'il le faut, de l'eau chaude).
Servir froid sur son lit de légumes entouré de tranches de citron.

PERCHE FARCIE SUR SON LIT D'OIGNONS
ŞALAU UMPLUT PE CEAPĀ PRĀJİTĀ

préparation : 15 mn
cuisson : 1 h 10
pour 4 - 6 personnes

1 kg 1/2 de perche (mulet, dorade ou colinot)
4 oignons
100 gr de mie de pain rassis
1 poignée de raisins secs
100 gr de beurre
aneth ciselé
lait
sel, poivre

Laver et sécher le poisson.
Tremper la mie de pain dans un peu de lait, essorer.
Faire blondir dans du beurre 1 oignon haché menu. Hors du feu, lui ajouter le pain émietté, l'aneth, l'assaisonnement. Bien mélanger à la fourchette.
Farcir le poisson du mélange et refermer le ventre à l'aide de cure-dents.
Coucher les oignons en rondelles, les blondir au beurre et les déposer dans un plat à gratin.
Couper le poisson sur les oignons, le beurrer et laisser à four doux une heure environ.
Servir sur un plat de service bien chauffé, couché sur son lit d'oignons bien confits en ayant soin de retirer les cure-dents.
On pourra, au dernier moment, égoutter des raisins secs que l'on aura fait gonfler à l'eau bouillante puis les glisser sous le poisson avant de le déposer sur les oignons.

Si, en France, pour appeler les poulets à la ferme, on crie « petit-petit », en Roumanie on lance : « piu-piu » !
Quant au petit poulet, le « puisor », il désigne aussi bien un être aimé que le fameux petit oreiller de duvet que tout Roumain a toujours emporté dans ses bagages pour mieux dormir. C'est sous ce même oreiller que la nuit de Boboteaza (Epiphanie, le 6 janvier) les jeunes filles placent quelques brins de basilic : si elles rêvent de mariage, leur rêve s'accomplira dans l'année.

Les Volailles
Le Gibier, Le Lapin

CANARD AUX OLIVES
RAȚĂ CU MĂSLINE

préparation : 30 mn
cuisson : 40 mn
pour 4 - 6 personnes

1 canard coupé en morceaux
3 oignons en tranches
1 petite boîte de concentré de tomates
30 olives vertes et noires dénoyautées
farine, huile
sel, poivre

Dans une cocotte, mettre à dorer les morceaux de canard avec très peu d'huile. Éteindre et couvrir.
Dans une poêle, faire dorer les oignons à l'huile, ajouter 1 pointe de couteau de farine, bien mélanger. Déglacer avec 1 verre d'eau, laisser prendre un bouillon et y ajouter le canard ainsi que le concentré de tomates.
Si la sauce est trop épaisse, ajouter un peu d'eau. Poivrer seulement.
Laisser mijoter 30 mn.
Ajouter les olives lorsque la viande est cuite. Laisser encore frémir 5 mn. La sauce doit être courte. Ajouter, s'il le faut, du sel.
La canard se mange froid, nappé de sa sauce et entouré des olives cuites.

POULET A LA CRÈME
PUİ CU SMANTĀNĀ

préparation : 10 mn
cuisson : 50 mn
pour 4 personnes

1 poulet coupé en 8 morceaux
1 cuillère à soupe rase de farine
1 pot moyen de crème fraîche
50 gr de beurre
aneth ciselé
sel

Dans une cocotte, sur feu vif, faire dorer le poulet. Saler et laisser suer à petit feu, à couvert 1/2 h.
Dans un bol, mélanger à la fourchette farine et crème.
Verser ensuite dans la cocotte, mélanger vivement, laisser encore sur feu doux et faire mijoter à découvert 10 mn.
La sauce doit être cuite, la couleur dorée.
Secouer la cocotte pour mélanger.
Ne pas réchauffer.
Si la sauce est trop liée, ajouter du lait chaud.

PILAF DE POULET
PILAF DE PUİ

préparation : 40 mn
cuisson : 30 mn
pour 4 - 6 personnes

1 poulet coupé en 8 morceaux
les abats du poulet (sauf foie)
2 tasses de riz
1 tomate
1 poivron vert
75 gr de beurre
1/2 bouquet de persil
parmesan râpé
sel

Dans un fait-tout, mettre à bouillir les morceaux de poulet et les abats bien recouverts d'eau.
Écumer puis ajouter les légumes entiers et le sel.
Au bout d'1/2 h mettre dans une cocotte (qui ira ensuite au four), un peu de

beurre et faire dorer le riz.
Passer le bouillon de poulet sur le riz à travers une passoire (3 fois 1/2 le volume du riz) en écrasant la tomate.
Mettre à couvert à four chaud 20 mn, le temps que le bouillon soit complètement absorbé.
Disposer le riz pilaf dans un plat creux de service.
Recouvrir avec les morceaux de poulet et les abats.
Parsemer de quelques flocons de beurre.
Servir à part le parmesan râpé.
Le riz pilaf doit être plus cuit que le riz habituel.

LAPIN A LA SAUCE TOMATE
IEPURE DE CASĂ CU BULION

préparation : 15 mn
cuisson : 50 mn
pour 8 - 10 personnes

1 lapin coupé en morceaux
2 oignons hachés menu
1 gousse d'ail hachée menu
1 boîte de concentré de tomates de 142 ml
1 cuillère à soupe de farine
huile
2 feuilles de laurier, persil ciselé
sel, poivre

Dans une cocotte, dorer à l'huile le lapin et les oignons. Saupoudrer de farine. Ajouter 1 grand verre d'eau, le concentré de tomates, assaisonner.
Cuire 45 mn à feu doux.
Quand le lapin est cuit, ajouter ail et persil. Laisser faire un bouillon à découvert.
Ajouter le laurier à la sauce, le temps de disposer les morceaux de lapin sur un plat de service creux bien chauffé.
Napper de sauce.
Servir entouré de tagliatelles.

Pour ce plat, on pourra réserver le râble que l'on fera au four « à la française ».

PÂTÉ DE LIÈVRE
PĀTE DE IEPURE

préparation : 2 jours
cuisson : 2 h
pour 8 - 10 personnes

1 lièvre
500 gr d'échine de porc
200 gr de lard
4 jaunes d'œufs
200 gr de beurre en pommade
1 verre à liqueur d'Armagnac ou de Cognac
sel, poivre
1 pincée de gingembre

Marinade :
1 verre de vin
1 cuillère à soupe de vinaigre
1 cuillère à soupe d'huile
3 feuilles de laurier
20 grains de poivre
bardes de lard

Dans un grand saladier, faire la marinade en mélangeant tous les ingrédients.
Faire dépiauter et couper en morceaux le lièvre.
A l'aide d'un couteau pointu, détacher la chair des os et mettre ces morceaux à mariner dans le grand saladier.
Ajouter l'échine de porc coupée en morceaux.
La marinade doit juste recouvrir les viandes. En rajouter s'il le faut. Laisser 2 jours au réfrigérateur en tournant régulièrement la viande.
Dans une cocotte, mettre tous les morceaux de viande, le lard coupé en petits carrés et couvrir avec la marinade filtrée à travers une passoire.
Laisser bouillonner à couvert jusqu'à complète évaporation de la marinade.

Ouvrir le couvercle et laisser refroidir.
Dans un mixer, hacher le contenu de la cocotte avec les jaunes d'œufs, le beurre, le cognac, le gingembre et un assaisonnement un peu forcé.
Dans une terrine à pâté, croiser les bardes de lard en les laissant déborder. Déposer la farce fine en la tassant serrée avec le dos d'une cuillère.
Rabattre les bardes.
Enfourner au bain-marie, à feu doux pendant 2 h.
Laisser refroidir sans démouler.

Les Abats

CROQUETTES DE CERVELLE ET JAMBON
CROCHETE DE CREİER Şİ ŞUNCĀ

préparation : 30 mn
cuisson : 15 mn
pour 4 personnes

25 gr de beurre
1 cuillère à soupe de farine
1/2 litre de lait
1 cervelle d'agneau
1 tranche épaisse de jambon de Paris
1 reste de volaille (facultatif)
2 cuillères à soupe de fromage râpé ou parmesan
beurre, chapelure, sel

Dans une casserole, sur feu doux, faire fondre le beurre, ajouter la farine, puis tout en mélangeant, le lait. Assaisonner.
Cuire 10 mn. Cette sauce doit être épaisse.
Après avoir trempé la cervelle dans de l'eau vinaigrée, retirer les filaments et la laisser frémir dans de l'eau salée bouillante 10 mn. Laisser refroidir.
Dégraisser le jambon et le passer à la moulinette grille moyenne (de même que la volaille).
Hacher au couteau la cervelle.
Mélanger sauce, jambon (volaille), cervelle et le fromage choisi. On doit obtenir une pâte assez épaisse pour pouvoir la rouler en croquettes de petite taille (si elle est trop épaisse, ajouter 1 cuillère à soupe de lait chaud).
Rouler les croquettes dans de la chapelure.
Frire à feu moyen à la poêle dans du beurre.

FRITOTS DE CERVELLE
FRİGĀNELE DE CREİER

préparation : 15 mn
cuisson : 10 mn
pour 4 personnes

1 cervelle de veau
3 œufs
1 cuillère à soupe de farine
3 cuillères à soupe de parmesan
75 gr de beurre
sel, poivre

Mettre à tremper la cervelle dans de l'eau froide acidulée de vinaigre.
Enlever les filaments, laver la cervelle.
Faire bouillir 10 mn à l'eau salée. Laisser refroidir.
Dans un saladier mélanger à la fourchette les œufs battus avec la farine, puis le parmesan, la cervelle débitée en petits dés et l'assaisonnement.
Lorsque le mélange devient crémeux, faire des fritots avec une cuillère à thé et les jeter dans du beurre très chaud.
Dorer de toutes parts.
Servir accompagné de citrons en quartiers et entouré d'une macédoine de légumes.

SALADE DE CERVELLE
SALATĀ DE CREİER

préparation : 20 mn
cuisson : 10 mn
pour 2 personnes

1 cervelle de veau
ou d'agneau
50 gr de mie de pain
1 oignon haché menu
1 cuillère à soupe de vinaigre blanc
1/2 jus de citron
huile
sel, poivre

Déposer la cervelle dans un saladier avec de l'eau froide et quelques gouttes de vinaigre. Laisser 10 minutes.
Retirer délicatement les filaments qui la recouvrent, rincer sous le robinet d'eau froide et la déposer dans une casserole remplie d'eau tiède.
Saler et aciduler d'une cuillère de vinaigre blanc.
Laisser frémir 10 mn à découvert.
Tremper la mie de pain à l'eau froide. Quand elle est bien gonflée, l'exprimer entre les 2 mains.
Dans une assiette à soupe, écraser la cervelle à la fourchette, émietter la mie de pain.
Mélanger à la cuillère de bois en versant l'huile en filets. Saler et poivrer. Ajouter le jus de citron.
On doit obtenir une mayonnaise épaisse.
Disposer cette salade sur un plat rond. Garnir d'olives noires, de feuilles de romaine. Déposer l'oignon haché sur une feuille de salade.

LANGUE RÔTIE FROIDE
LİMBĀ RECE

préparation : 1 h 10 mn
cuisson : 45 mn
pour 6 - 8 personnes

Même recette que la langue
à la sauce tomate
de plus :
1/2 verre de vin rouge
aneth ciselé
poivre
2 feuilles de laurier

Lorsque la langue est cuite et épluchée, la rôtir à petit feu dans une cocotte avec de l'huile. Réserver le bouillon de cuisson.
Mouiller ensuite avec le vin rouge et un peu de bouillon. Laisser mijoter 1/4 d'heure.
Ajouter le poivre et le laurier. Couvrir et laisser refroidir.
Coupée en tranches sur le plat de service, arrosée de son jus, cette langue sera servie froide avec une salade de poivrons rouges.

RAMEQUINS DE FOIE
BUDİNCİ DE FİCAT

préparation : 30 mn
cuisson : 15 mn
pour 4 personnes

300 gr de foie
(veau, génisse, porc ou poulet)
1 cuillère à soupe de beurre
1 cuillère à soupe de farine
2 œufs
2 cuillères à soupe de crème fraîche
1 tasse de lait
chapelure, beurre
sel, poivre

Dans une casserole, sur feu doux faire fondre le beurre, ajouter la farine, bien mélanger et ajouter le lait. La sauce doit bien épaissir.
Cuire 10 mn et laisser refroidir.
Dans un mixeur électrique, mettre le foie coupé en morceaux, la sauce, la crème fraîche et les œufs. Réduire en purée.

Beurrer largement les ramequins, les passer à la chapelure et les remplir de la purée.
Cuire au four chaud et au bain-marie environ 10 mn.
Renverser les ramequins sur le plat de service bien chauffé et servir entouré de haricots verts ou de pommes de terre sautées.

LANGUE DE BŒUF A LA TOMATE
LÎMBĂ CU SOS DE ROŞII

préparation : 1 h
cuisson : 20 mn
pour 6 - 8 personnes

1 langue de bœuf
3 oignons
1 grande boîte
de concentré de tomates - 2/3 ml
1 cuillère à soupe de farine
250 gr d'olives vertes et
noires dénoyautées
1 verre de vin rouge
3 feuilles de laurier
huile, sel, grains de poivre

Laisser tremper la langue 1 h dans de l'eau froide.
La déposer ensuite dans un fait-tout et la recouvrir d'eau froide. Ajouter l'oignon entier (pas de sel).
Écumer, puis couvrir et laisser frémir au moins 1 h. Ajouter le laurier, éteindre le feu et attendre que la viande soit bien tendre.
Égoutter et éplucher la langue en commençant par la pointe et en tirant la peau vers la base.
Faire la sauce en dorant dans un peu d'huile les 2 oignons restant hachés, ajouter ensuite 1 verre de bouillon de langue. Lorsque les oignons ont bien fondu, faire un roux avec la farine, 1 cuillère à soupe d'huile, ajouter le concentré de tomates délayé dans son volume de bouillon de langue, le poivre, le vin rouge, la moitié du bouillon restant (à travers une passoire). Faire bouillir. Réserver le reste du bouillon.
Ajouter du laurier à la sauce, une fois le feu éteint.
Découper la langue en tranches et reconstituer dans une cocotte. Couvrir de la sauce. Si elle est un peu courte, ajouter du bouillon.
Dans une casserole, mettre les olives, couvrir de bouillon, laisser frémir 5 mn.
Égoutter et ajouter près de la langue que l'on fera frémir 1/4 d'heure.
Laisser refroidir dans la cocotte.
Disposer dans un plat de service en laissant les tranches se chevaucher. Entou-

rer d'olives, arroser de sauce. Garnir de cornichons au vinaigre ou de cornichons au naturel.
Peut se servir au cours d'un buffet.
Avec une tombée de vinaigre, servir chaud, entouré de riz au naturel.

ROGNONS DE VEAU EN RAGOÛT
MÂNCARE DE RINICHI

préparation : 10 mn
cuisson : 10 mn
pour 4 personnes

600 gr de rognon de veau
4 oignons hachés
1/4 de bouteille de vin rouge
huile
sel, poivre

Faire préparer et couper en morceaux le rognon.
Dans une poêle bien huilée et sur feu vif, faire dorer les oignons et le rognon.
Verser alors le vin, assaisonner et couvrir.
Laisser frémir 10 mn.
Servir avec du riz nature ou des œufs brouillés à la moldave.

ROGNONS BLANCS DE VEAU AU GRIL
FRIGERUI DE MOMIȚE

préparation : 20 mn
cuisson : 5 mn
pour 1 personne

2 rognons blancs par personne

Dans un saladier, laisser tremper les rognons blancs dans de l'eau glacée afin de pouvoir les débarrasser de toute impureté.
Les mettre dans une casserole d'eau chaude, laisser prendre 2 à 3 bouillons et les replonger dans de l'eau glacée jusqu'à complet refroidissement. Les rognons blancs auront alors une consistance plus ferme.
Les sécher, les éplucher de leur membrane et les saler légèrement.
Coupés par moitié et passés directement au barbecue ou au gril, en brochettes ou panés en escalopes, c'est un mets très délicat, très apprécié des Roumains.

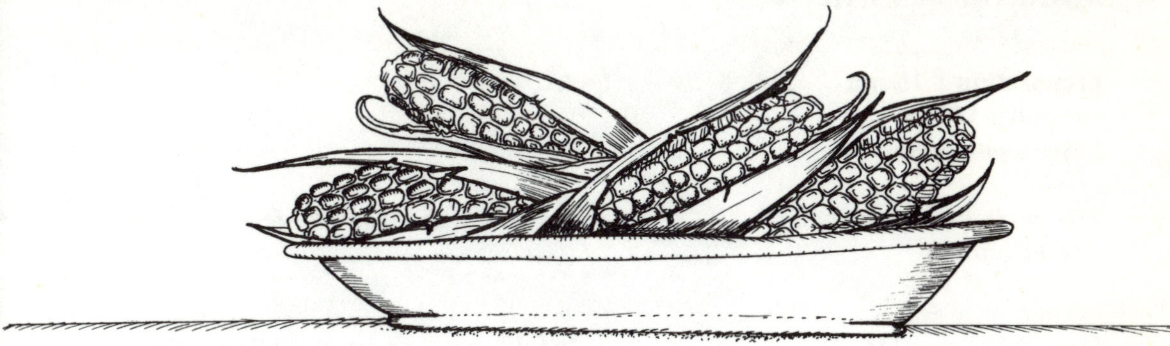

La Polenta

POLENTA
MAMALİGĀ FİARTĀ

préparation : 15 mn
cuisson : 15 mn
pour 4 personnes

250 gr de farine de maïs
3/4 litre d'eau
1 cuillère à café rase de sel

Dans une casserole, faire bouillir l'eau et le sel, jeter ensuite en pluie 1 cuillère à soupe de farine de maïs. Lorsque l'eau recommence à bouillir, jeter d'un coup sec toute la farine restante.
Tourner vivement à la cuillère de bois pour éviter les grumeaux.
Baisser le feu dès que l'ébullition reprend et tourner toujours la « mamaliga » en grattant les bords afin d'éviter tout dessèchement.
Attention, les bouillons s'envolent et brûlent !
Mettre donc à petit feu et ne pas cesser de mélanger.
Au bout de 10 à 15 mn, la polenta est prête.
Pour le savoir : elle ne doit plus s'attacher à la cuillère de bois préalablement mouillée à l'eau froide.
Secouer alors la casserole hors du feu et la renverser sur un plat.
Servir sans attendre car la polenta durcit rapidement.

POLENTA FLUIDE
MAMALİGĀ PRİPİTĀ

préparation : 15 mn
cuisson : 15 mn
pour 4 personnes

200 gr de farine de maïs
3/4 litre d'eau
1 cuillère à café rase de sel

Dans une casserole, faire bouillir l'eau et le sel, puis jeter la farine en pluie.
Mélanger le liquide vigoureusement et laisser reprendre les bouillons.
Baisser le feu sans arrêter de tourner la bouillie.
Dès qu'elle commence à épaissir, arrêter le feu et continuer à mélanger jusqu'à

complète absorption du liquide.
Couvrir 2 mn puis secouer la casserole pour décoller la polenta et la retourner sur un plat.
La casserole dans laquelle on aura cuit la polenta devra être remplie d'eau froide. De cette façon, la bouillie qui aura adhéré aux parois se décollera facilement.

POLENTA AU FROMAGE AU FOUR
MĀMĀLIGĀ CU BRÎNZĀ LA CUPTOR

préparation : 20 mn
cuisson : 15 mn
pour 4 personnes

200 gr de farine de maïs
1 litre de lait
1 cuillère à café rase de sel
4 œufs
150 gr de parmesan râpé
150 gr de comté en petits dés
crème fraîche

Faire une polenta fluide dans le lait. Laisser tiédir.
Ajouter les œufs, le parmesan et le comté. Bien mélanger.
Beurrer un plat à gratin, verser le mélange, arroser de crème fraîche.
Enfourner à feu très chaud pour bien dorer.

POLENTA AU FOUR
MĀMĀLİGĀ LA CUPTOR

préparation : 20 mn
cuisson : 15 mn
pour 4 personnes

200 gr de farine de maïs
1 litre de lait
250 gr de Braïla râpé
ou de cantal râpé

3 œufs
1/2 verre de lait
1 cuillère à soupe de parmesan râpé
1 cuillère à café rase de sel

Faire une polenta fluide dans du lait.
Beurrer un moule à soufflé. Y mettre une couche de polenta, une du fromage choisi, quelques flocons de beurre et recommencer jusqu'à épuisement. Finir par la polenta.
Battre les œufs en omelette, ajouter le 1/2 verre de lait et verser sur la polenta.
Saupoudrer de parmesan.
Enfourner à feu très vif pour faire bien dorer la polenta.
Servir le gratin dans son plat.

POLENTA AU PARMESAN
MĀMĀLİGĀ AU PARMEZAN

préparation : 20 mn
cuisson : 10 mn
pour 4 personnes

200 gr de farine de maïs
3/4 litre eau + lait
1 cuillère à café rase de sel

4 cuillères à soupe de parmesan râpé
crème fraîche
100 gr de beurre

Cette bouillie doit cuire dans un mélange à part égale d'eau et de lait. Elle doit être cuite comme celle fluide, c'est-à-dire un peu molle.
Lui ajouter ensuite, hors du feu, 3 cuillères à soupe de parmesan râpé et 50 gr de beurre. Bien mélanger. Bien mouiller une planche en bois. Y étaler la polenta

Roulées bien serré, de longueurs égales, les feuilles de vigne aigrelettes sont la fierté de la cuisine roumaine.

La moussaka, plat roumain et grec, allie aubergines et viande en un gratin au parfum subtil assaisonné de persil plat haché.

et égaliser l'épaisseur à l'aide d'un couteau mouillé.
Une fois bien refroidie, y découper de grands carrés que l'on fera dorer, dans le beurre, à la poêle.
Saupoudrer ensuite de parmesan et accompagner de crème fraîche en saucière.

BOULETTES DE POLENTA
URS DE MĀMĀLİGĀ

préparation : 10 mn
cuisson : 10 mn
pour 4 personnes

200 gr de Polenta cuite tiède
100 gr de cantal râpé
beurre

Avec une cuillère à soupe, prélever la valeur d'une petite pomme de polenta que l'on roulera en boulette entre les paumes mouillées à l'eau froide. Continuer jusqu'à épuisement de la polenta.
Avec l'index faire un trou jusqu'au cœur, creuser et mettre dans ce centre un peu de fromage râpé.
Refermer et dorer les boulettes à la poêle avec du beurre.
Le fromage doit fondre et l'extérieur avoir une belle croûte.

VARIANTE

POLENTA SAUTÉE
MĀMĀLİGĀ PRĀJİTĀ

Un reste de Polenta froide

Couper des tranches de polenta d'un bon centimètre d'épaisseur.
Les faire frire à la poêle dans l'huile très chaude.
Bien dorées, ces tranches accompagnent jardinière de légumes, haricots verts ou petits pois au beurre.

GÂTEAU SALÉ DE POLENTA
ALİVANCĀ

préparation : 10 mn
cuisson : 35 mn
pour 4 personnes

2 cuillères à soupe de farine de maïs
1 St Florentin
1 cuillère à soupe de farine
1 cuillère à soupe de crème fraîche
25 gr de beurre en pommade
1 pot de crème fraîche

Dans un saladier, bien mélanger à la fourchette : le fromage puis la farine, les œufs, la crème fraîche, la farine de maïs et le beurre.
Beurrer un moule rectangulaire et y déposer le mélange.
Cuire à four moyen 1/2 h.
Ce gâteau se déguste au sortir du four, coupé en carrés et arrosé de crème fraîche bien froide.
Il n'attend pas et ne se réchauffe pas.

Les Choux

CHOU PANÉ
VARZĂ PANE

préparation : 35 mn
cuisson : 20 mn
pour 4 personnes

1 chou blanc (petit)
1 poivron vert
2 œufs
1 oignon haché
1 boîte moyenne
de concentré de tomates
2 cuillères à soupe de crème fraîche
3 cuillères à soupe de farine
beurre, persil, sel

Bouillir le chou en entier sans trop le cuire.
Bien égoutter et laisser refroidir.
Battre les œufs en omelette (huile) dans 1 assiette creuse.
Déposer 2 cuillères à soupe de farine dans une assiette plate.
Quand le chou est bien refroidi, le couper par moitié puis en tranches. Fariner une tranche après l'autre, la passer à l'œuf et la faire dorer dans une poêle avec du beurre.
Disposer les tranches qui se chevauchent dans un plat à gratin.
Couper le poivron en fine julienne.
Dans une casserole sur feu doux, dorer l'oignon au beurre, ajouter 1 cuillère à soupe de farine, le concentré de tomates délayé dans deux fois son volume d'eau, la julienne de poivron vert, l'assaisonnement.
Cuir à four vif pendant 15 à 20 mn.
Lorsque le poivron devient tendre, verser la crème sur le chou.
La sauce doit juste napper les tranches.

CHOU BLANC A LA VIANDE
VARZĂ DULCE CU CARNE

préparation : 30 mn
cuisson : 1 h 10
pour 4 - 6 personnes

1 livre de palette de porc
ou macreuse
1 oignon haché
huile

Le chou est préparé dans son jus comme indiqué dans la recette.
Couper la viande en gros cubes (12 environ) et la faire dorer avec l'oignon dans de l'huile.
Nicher ensuite les morceaux dans le chou qui est déjà dans la cocotte. La viande cuira ainsi à l'étouffée et à petit feu.
Ce plat est bien meilleur réchauffé le lendemain à four doux et à couvert dans la cocotte ou dans un plat à soufflé recouvert de papier aluminium.
On peut servir en accompagnement de la polenta.

CHOU BLANC FARCI
SARMALE CU VARZĀ

préparation : 1 h
cuisson : 1 h
pour 6 - 8 personnes

1 kg d'échine de porc hachée
1 gros chou blanc ou 2 moyens
2 oignons hachés menu
6 tomates moyennes
2 cuillères à soupe de riz rond
1 boîte de concentré de tomates - 142 ml
1 cuillère à soupe de persil ciselé
huile, sel, poivre

Enlever toutes les feuilles de chou en retirant les côtes dures avec un couteau.
Dans une casserole d'eau bouillante salée, jeter les feuilles une par une, les laisser quelques secondes, le temps de casser leur rigidité.
Retirer avec l'écumoire et déposer sur un torchon.
Faire dorer dans un peu d'huile les oignons et le riz puis ajouter 1/2 tasse d'eau chaude. Éteindre et couvrir. Laisser le riz absorber l'eau.
Dans un saladier mélanger la viande, le riz tiède, le persil et l'assaisonnement.
Sur une planche de bois, déposer la feuille de chou en croisant légèrement les deux parties qui ont bordé la côte enlevée car la viande doit être enfermée. Déposer la valeur d'une grosse noix de viande au milieu de la partie large de la feuille, rouler sur la viande, rabattre les côtés et finir de rouler bien serré. On obtiendra une grosse saucisse d'environ 5 à 6 cm de long. Faire toutes les saucisses.
Les premières feuilles et celles trop petites du centre seront roulées et coupées grossièrement en julienne. Diviser en 3 portions.
Couper les tomates en tranches moyennes.
Dans une grande cocotte (avant de cuire, le chou prend beaucoup de place), pouvant aller au four, disposer quelques tranches de tomates sur le fond, une portion de chou en julienne, une rangée de choux farcis disposés bien serrés avec l'ouverture en-dessous, une rangée de tomates etc... et finir par la julienne

et quelques tranches de tomates.
Délayer le concentré dans trois fois son volume d'eau et les jus de citron et en arroser la préparation.
Couvrir et laisser mijoter à feu doux au moins 1 h. Si le jus diminue de plus que la moitié de la casserole, faire un nouveau coulis avec du concentré de tomates.
Finir de cuire à four doux.
Le chou doit être rosé, bien imbibé de jus mais il ne doit en rester sur le fond que la quantité nécessaire pour ne pas brûler quand on le réchauffe.
Ce plat doit être réchauffé (à four doux) le lendemain pour être meilleur. Il se sert avec de la polenta, de la crème fraîche ou du yaourt battu à la fourchette.

POUDING DE CHOU
BUDÌNCĀ DE VARZĀ

préparation : 30 mn
cuisson : 30 mn
pour 4 personnes

1 chou blanc de bonne taille
2 oignons hachés
3 œufs
75 gr de beurre
2 cuillères à soupe de parmesan râpé
1 cuillère à soupe de chapelure
sel

Détacher les grandes feuilles qui enveloppent le chou sans les abimer et les réserver.
Couper le chou en julienne et le faire suer à couvert et à petit feu dans le beurre avec les oignons et du sel. Cuire 45 mn environ en mélangeant. Le chou doit être sec.
Lorsque le chou est cuit et tiède, ajouter les œufs battus en omelette, le parmesan et la chapelure.
Poser un torchon sur la table. Disposer en son milieu les feuilles réservées qui doivent se chevaucher. Recouvrir avec le chou cuit. Serrer les bords du torchon afin d'en faire une boule et refermer à l'aide d'une ficelle nouée serrée.
Dans un fait-tout, mettre de l'eau salée à bouillir.
Ajouter alors la boule, la laisser bouillonner 25 mn puis la retourner et finir de la cuire en même temps.
Sur un plat rond de service bien chauffé, faire glisser la boule du torchon.
Se sert arrosé largement de sauce tomate et d'un peu de crème.

CHOU AIGRE DANS SON JUS
VARZĂ ACRĂ CALÎTĂ

préparation : 10 mn
cuisson : 2 h
pour 6 - 10 personnes

2 kg de chou aigre en julienne

dinde ou oie
ou canard rôti au four

Bien égoutter le chou de son jus.
Mettre dans une cocotte de la sauce de dinde ou d'oie qui rôtit au four ou à défaut une cuillère de saindoux ou d'huile.
Le chou aigre étant déjà coupé comme de la choucroute, le mettre dans la cocotte, bien mélanger et laisser cuire à feu doux et à couvert.
Ajouter de temps en temps de la sauce du rôti que l'on fait cuire. Bien mélanger à chaque fois.
Le chou met autant de temps à cuire que le rôti de dinde ou d'oie. Il prendra une belle couleur dorée. Il diminue de moitié. Ce chou se déguste à Noël et avec l'oie de Pâques. Il accompagne aussi le canard rôti au four et présenté en morceaux par-dessus, toujours entouré de polenta.
Réchauffé à feu doux, le lendemain de fête, il donne du piment à la vie.
Le chou aigre cru, conservé dans des tonneaux, s'achète dans les épiceries russes.

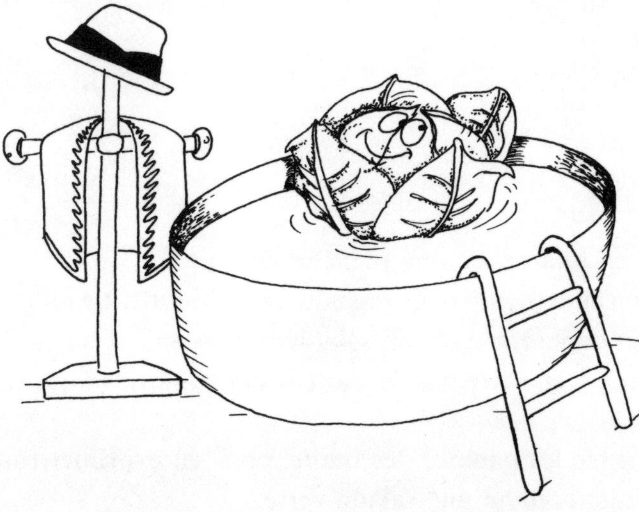

SALADE DE CHOU ROUGE
SALATĂ DE VARZĂ ROȘIE

préparation : 15 mn
cuisson : 5 mn
pour 4 personnes

1 chou rouge
3/4 de verre de vinaigre de vin
1/4 de verre d'eau
huile, sel

Couper le chou en quarts sur une planche de bois.
Enlever le trognon et la première grosse côte sans l'ouvrir. Le tailler en très fines tranches que l'on déposera dans un saladier.
Pendant ce temps, porter à ébullition le vinaigre et l'eau. Verser immédiatement sur le chou et bien mélanger pour attendrir le chou.
Saler et ajouter très peu d'huile, juste assez pour que la salade soit brillante.
Cette salade se conserve au réfrigérateur quelques jours.

SALADE DE CHOU BLANC
SALATĂ DE VARZĂ ALBĂ

préparation : 15 mn
pour 4 personnes

1 chou blanc
à feuilles plates
vinaigrette
sel

Couper le chou en quarts sur une planche de bois.
Enlever le trognon et la première grosse côte sans l'ouvrir. Le tailler en très fines tranches que l'on déposera dans un saladier en les salant au fur et à mesure.
Laisser reposer 1/2 h en pétrissant le chou de la paume de temps en temps pour l'écraser.
Presser ensuite entre les paumes des mains pour en exprimer toute l'eau.
Assaisonner ensuite comme une salade verte.

CHOU BLANC DANS SON JUS
VARZĀ DULCE CALİTĀ

préparation : 20 mn
cuisson : 1 h 10
pour 4 - 6 personnes

1 gros chou blanc
1 poivron vert
2 tomates fraîches
1 boîte de concentré de tomates -71 ml
1 gros oignon haché
huile
sel, poivre

Sur une planche de bois, avec un couteau bien aiguisé, couper le chou en quartiers, puis en tranches en enlevant les côtes des grosses feuilles.
Déposer dans un saladier, saupoudrer de sel fin, bien frotter avec les mains en écrasant, laisser dégorger. Presser.
Dans une cocotte, mettre de l'huile et sur feu vif, faire revenir chou et oignon en mélangeant sans arrêt avec 1 cuillère en bois.
Lorsque le chou est bien doré, ajouter poivron en julienne, tomates en tranches, le concentré de tomates délayé dans son volume d'eau froide. Couvrir.
Laisser mijoter une heure en ajoutant, s'il le faut, un peu d'eau.
Le chou étant cuit, il ne doit plus avoir de jus.
Traditionnellement ce chou est accompagné de polenta.

Les oignons hachés seront recouverts d'une pellicule d'huile, afin qu'ils ne « piquent pas ».

Pour celui qui veut connaître l'utilisation de la guerre que livra Trajan aux Daces (les ancêtres des Roumains) de 101 à 106 après J. C. la réponse se trouve sculptée sur la colonne Trajane, dans les Forums Impériaux à Rome. Là, en une longue théorie, se déroulent les cent scènes de gloires et de victoires pour les uns, de souffrances et de défaites pour les autres... qui devaient aboutir à la plus belle colonie roumaine : la « Dacia Félix ».
Le blé et l'or avaient attiré les Romains, le blé et le pétrole firent la richesse des Roumains, le blé du « grenier de l'Europe ».

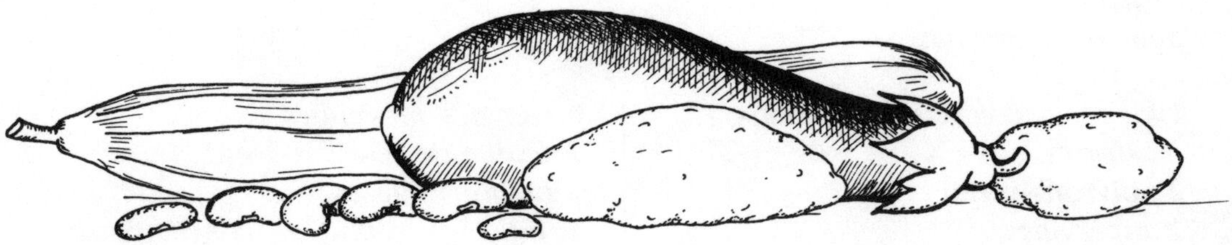

Les Légumes

RATATOUILLE A LA VIANDE
GHİVECİU CU CARNE

préparation : 1 h
cuisson : 2 h
pour 6 - 8 personnes

1 kg de macreuse en morceaux
2 carottes
2 poivrons verts
1 aubergine
2 pommes de terre
200 gr de petits pois
250 gr de haricots verts
ou gombos ou mange-tout
3 courgettes
6 tomates moyennes
1 feuille de céleri
2 oignons hachés
1 boîte moyenne de concentré de tomates
huile
aneth ciselé
sel, poivre

Dans une grande cocotte (qui pourra aller au four), faire dorer les morceaux de viande à l'huile en même temps que les oignons. Ajouter ensuite 1 verre d'eau chaude, sel et poivre, couvrir et laisser mijoter 1/2 heure.
Éplucher tous les légumes puis les déposer dans la cocotte dans l'ordre suivant : carottes (rondelles), poivrons verts (petits morceaux cassés à la main), feuille de céleri (ciselée), haricots verts (cassés par moitié), aubergine (non épluchée, tranches fines), petits pois, pommes de terre (tranches), courgettes (non épluchées, tranches moyennes), tomates (coupées par moitié). Ces dernières doivent entièrement recouvrir la casserole avec leur cœur vers l'intérieur.
Délayer le concentré de tomates dans 2 fois son volume d'eau, saler et bien poivrer, verser dans la cocotte et la laisser commencer à bouillir sur le feu à couvert. Si le couvercle ne ferme pas au commencement, dès les premiers bouillons secouer la cocotte et tout s'arrangera.
Enfourner à four moyen, à couvert, environ 2 h. Surveiller les légumes qui doivent toujours avoir un peu d'eau au fond du plat pour bien mijoter. Secouer la casserole, ne jamais mélanger.
Les légumes étant presque cuits, enlever le couvercle pour permettre aux tomates de griller.
Servir chaud dans la cocotte ou dans le plat en verre dans lequel on aura mis la viande cuite et les légumes avant de les passer au four.
Parsemer d'aneth ciselé.

RATATOUILLE AU MAIGRE
GHIVECIU DE POST

Cette ratatouille est communément servie les vendredi et le Vendredi Saint, les jours où l'on fait maigre. Elle est aussi appelée « ratatouille monacale » car consommée dans les couvents.
On remplacera donc la viande par un peu plus de pommes de terre.

RATATOUILLE LENUȚA
GHIVECIU LENUȚA

préparation : 10 mn
cuisson : 40 mn

2 poivrons
4 courgettes épluchées
4 tomates
1 oignon haché
50 gr de riz rond

1 boîte moyenne de concentré de tomates
huile
aneth ciselé
sel, poivre

Dans une cocotte, faire dorer l'oignon dans l'huile.
Ajouter les poivrons cassés à la main, les courgettes en rondelles assez épaisses et les tomates coupées en 8 quartiers.
Ajouter le concentré de tomates dilué dans 3 fois son volume d'eau chaude, saler et poivrer et jeter en pluie le riz. Bien secouer la casserole, couvrir et laisser cuire à feu doux 40 mn au plus.
Si le riz nécessite de l'eau, l'ajouter chaude.
Ne jamais mélanger avant que les légumes ne soient froids pour ne pas les écraser.
Servir alors parsemé d'aneth ciselé.

Ne pas oublier qu'1/2 cuillère à café de bicarbonate dans 3 litres d'eau permet de garder la couleur des haricots verts et diminue le temps de cuisson.

AUBERGINES A LA VIANDE
VINETE CU CARNE

préparation : 40 mn
cuisson : 45 mn
pour 5 - 6 personnes

1 kg de macreuse
2 oignons hachés
4 aubergines
1 poivron vert en julienne
1 petite boîte de concentré de tomates
huile
sel, poivre

Couper la viande en gros dés.
Dans une cocotte, faire revenir la viande et les oignons dans de l'huile, assaisonner, couvrir.
Cuire à feu doux 1/2 h.
Couper en rondelles d'un centimètre d'épaisseur les aubergines non épluchées. Les jeter dans de l'eau bouillante salée sans les cuire. Laisser à couvert 10 mn hors du feu.
Lorsque les aubergines sont bien attendries et refroidies, les presser entre les mains pour en exprimer l'eau, puis les sécher au torchon.
Dans une poêle bien huilée, frire sur feu vif les tranches d'aubergines.
Dans un plat à gratin, disposer la viande, les oignons et les aubergines, le concentré de tomates dilué dans deux fois son volume d'eau et le poivron.
Laisser cuire à four moyen 40 mn.

SMAMBAILDI OU DÉLICE DE L'IMAM
VINETE IMPĀNATE

préparation : 1 h
cuisson : 40 mn
pour 4 personnes

4 aubergines moyennes
3 oignons hachés menu
2 tomates en dés
1 carotte râpée
1 poivron vert en julienne
1 tranche de céleri-rave en râpé
1/4 de chou blanc en julienne
1 gousse d'ail
1 petite boîte de concentré de tomates
farine, huile, sel, poivre

Équeuter les aubergines, les entailler dans le sens de la longueur en 4 en les laissant attachées aux deux extrémités.
Les plonger dans une casserole d'eau bouillante pendant 10 minutes.
Les déposer sur une planche de bois, les saler, les recouvrir d'un plateau sur lequel on déposera des poids (boîtes de conserve par exemple) pour les exprimer de leur eau. Laisser 1/2 heure.
Dans une poêle bien huilée, mettre sur feu doux les légumes, y compris la gousse d'ail pressée. Assaisonner (attention au sel) et laisser attendrir.
Prendre chaque aubergine, gratter à la petite cuillère les graines et la farcir largement. Les déposer ensuite dans une cocotte.
Mettre les aubergines tête-bêche.
Mélanger dans un bol le concentré et une pointe de couteau de farine. Ajouter le volume d'eau et arroser les aubergines. Mettre quelques gouttes d'huile si celle restée dans la poêle est insuffisante.
Couvrir et laisser bouillonner environ 1/2 heure.
Ces aubergines se mangent froides, en entrée.

•

GRATIN D'ÉPINARDS ET CHAMPIGNONS
SPANAC CU CİUPERCİ LA GRATİN

préparation : 30 mn
cuisson : 40 mn
pour 4 - 6 personnes

1 kg d'épinards
250 gr de champignons de Paris
75 gr de beurre
2 cuillères à soupe de crème fraîche
1 cuillère à soupe rase de farine
1/2 tasse de lait
100 gr de gruyère râpé
beurre, sel

Équeuter et laver à grandes eaux les épinards.
Les cuire à l'eau bouillante salée 10 mn.
Égoutter dans une passoire.
Mettre à fondre la moitié du beurre, les épinards (bien exprimés entre les 2 paumes), la crème fraîche mélangée à la farine. Laisser cuire à feu doux en surveillant 15 mn.
Dans une petite casserole, mettre à fondre le reste de beurre et ajouter les cham-

pignons coupés en lamelles. Saler et laisser suer à couvert puis augmenter le feu pour les sécher de leur eau.
Lorsque tout est cuit, mélanger les champignons aux épinards, rectifier l'assaisonnement.
Beurrer un plat à gratin et y déposer les légumes.
Saupoudrer avec le râpé.
Enfourner à four moyen le temps de dorer le gratin.

BEIGNETS DE POMMES DE TERRE ET JAMBON
GOGOŞI DE CARTOFI CU ŞUNCĂ

préparation : 30 mn
cuisson : 15 mn
pour 6 - 8 personnes

800 gr de pommes de terre
250 gr de farine
3 jaunes d'œufs
10 gr de levure de boulanger
1/2 tasse de lait tiède
1 tranche épaisse de jambon de Paris
farine, huile
sel

Mettre les 5 pommes de terre à cuire à four moyen.
Délayer la levure dans le lait.
Dans un saladier, mettre la farine en puits, y casser les œufs, ajouter la levure, du sel et pétrir du bout des doigts.
Gratter la pulpe chaude des pommes de terre à l'aide d'une cuillère à thé et la passer immédiatement à la moulinette grille fine.
Ajouter cette purée à la pâte et bien la pétrir à pleine main. Mettre en boule.
Fariner la table et étaler au rouleau la moitié de la boule. Faire un grand rectangle. En faire un deuxième à côté avec la seconde moitié de la pâte.
Dégraisser et passer à la moulinette le jambon. Le disposer en pyramide et en tas à égale distance.
Recouvrir de la deuxième moitié.
Avec un verre de 4 cm de diamètre, découper des ronds en centrant chaque tas de jambon. Reprendre la pâte qui reste et recommencer.
Recouvrir d'un torchon légèrement fariné et laisser gonfler 1/2 h. Ne pas ouvrir de fenêtre, ne pas provoquer de courant d'air.
Dans une bassine à moitié pleine d'huile chaude, déposer les beignets à feu moyen.

La Mamaligà (ou polenta) qui prend la forme, une fois retournée, de son contenant, accompagnée de crème fraîche épaisse, est la base de la nourriture paysanne roumaine. Quotidienne, la Mamaligà s'enrichit, à l'occasion des fêtes, de volailles et de chou.

Les feuilles de chou farci, entourées d'une julienne de chou, de lardons fumés et de larges cuillerées de polenta sont le plat national roumain.

Lorsqu'ils sont dorés sur les deux faces, les égoutter et les passer sur du papier absorbant.
On peut aussi farcir les beignets avec du fromage cachcaval ou du cantal râpé.
Ces boulettes accompagnées de salade verte ou de concombres peuvent être un plat du soir.

GOMBOS A LA GRECQUE
BAME GRECESTİ

préparation : 15 mn
cuisson : 40 mn
pour 4 - 6 personnes

1 kg de gombos
3 oignons hachés
1 boîte moyenne de concentré de tomates
huile, farine
1 verre de vinaigre
sel, poivre

Équeuter les gombos.
Les cuire 30 mn dans de l'eau bouillante acidulée de vinaigre.
Dorer les oignons à l'huile, dans une poêle.
Mélanger la farine avec le concentré de tomates puis ajouter son volume d'eau et en recouvrir les oignons.
Donner un bouillon et remettre les gombos rincés soigneusement sous le robinet d'eau froide et bien égouttés. Ajouter les oignons et leur huile. La sauce tomate doit juste recouvrir les gombos. Assaisonner.
Si la sauce est trop longue, découvrir la casserole sinon, la couvrir et laisser faire trois bouillons.
Laisser refroidir dans la casserole, disposés dans un plat creux garni de tranches de citron, ce légume est servi en hors d'œuvre ou accompagne les viandes froides.

Si l'on frotte de sel des pommes de terre coupées dans le sens de la longueur, elles ne s'écraseront pas dans la cocotte ou lorsqu'on les ajoutera à un ragoût.

COURGETTES FARCIES A LA VIANDE
DOVLECEÏ IMPLUȚÏ CU CARNE

préparation : 15 mn
cuisson : 40 mn
pour 4 personnes

4 belles courgettes
300 gr de beefsteack haché
2 œufs
100 gr de gruyère râpé
1 boîte de concentré de tomates - 71 ml
1 cuillère à soupe de chapelure
farine, sel

Dans un fait-tout rempli d'eau bouillante, cuire les courgettes équeutées et non épluchées pendant 6 mn.
Les égoutter, les fendre en deux et enlever les graines à l'aide d'une cuillère à café.
Dans un saladier, mélanger du bout des doigts la viande, les œufs, le gruyère et la chapelure.
Farcir les courgettes et les déposer dans un plat à gratin légèrement beurré, à four moyen 35 mn.
Délayer le concentré de tomates avec une pointe de couteau de farine, ajouter deux fois son volume d'eau et laisser cuire à feu doux. Saler.
Servir la sauce tomate en saucière mélangée à un peu de crème ou de beurre frais.

COURGETTES FARCIES AU FROMAGE BLANC
DOVLECEÏ UMPLUTÏ

préparation : 10 mn
cuisson : 40 mn
pour 6 personnes

6 grosses courgettes
1 St Florentin
1 tranche de Braïla
1 œuf
2 cuillères à soupe de crème fraîche
aneth ciselé

Dans un fait-tout, rempli d'eau bouillante, cuire les courgettes équeutées et non épluchées pendant 5 m.

Les égoutter, les fendre en deux et enlever les graines à l'aide d'une cuillère à café.
Mélanger en écrasant à la fourchette les fromages, l'œuf entier, l'aneth.
Farcir avec un bombé les courgettes et les déposer dans un plat à gratin légèrement beurré, à four moyen, 30 mn.
A la porte du four, arroser les courgettes dorées de crème fraîche et servir.

CAVIAR D'AUBERGINES (Version d'été)
SALATĀ DE PĀTLĀGELE VINETE

préparation : 20 mn
cuisson : 20 mn
pour 4 personnes

6 aubergines moyennes
huile à volonté (environ 1 verre)
sel

Disposer les aubergines entières et bien essuyées sur la plaque du four et sous le gril chauffé à son maximum.
Les laisser griller en les tournant jusqu'à ce que la peau devienne un peu dure et craquèle.
Les éplucher bien tièdes en les tenant suspendues par la queue et en attrapant la peau avec les doigts humidifiés à l'eau froide. Pour ce faire, rester près de l'évier.

Glisser la main mouillée le long de l'aubergine afin d'en éliminer toute trace noire et le surplus de jus.
Déposer les aubergines sur une planche en bois en ayant soin d'en détacher les queues en les tournant.
Hacher les légumes avec le tranchant d'une planchette en bois en ramenant soigneusement les bords vers le centre.
Déposer le caviar dans un saladier, saler et ajouter, pour 6 aubergines, la valeur d'un verre d'huile.
Tourner à la cuillère de bois (le métal noircit l'aubergine) en battant le mélange par en-dessous afin qu'il gonfle avec l'huile.
Verser dans un plat creux et garder au réfrigérateur au moins 1 h.
Le caviar d'aubergine se sert avec des tranches de tomates et de concombres non assaisonnées et de l'oignon haché menu dans un ravier.

L'hiver, on ajoute à ce caviar d'aubergines du vinaigre et de l'ail écrasé en diminuant la quantité d'huile. Il sert alors de condiment aux viandes froides et bouillies, la salade verte étant en cette saison une denrée rare. Il faut une aubergine pour 3 personnes.

Version d'hiver :

préparation : 20 mn
cuisson : 20 mn
pour 4 personnes

1 livre d'aubergines
1 livre de courgettes
2 cuillères à soupe de lait écrémé en poudre

Éplucher et bouillir les courgettes à l'eau salée en les ayant bien évidées de leurs graines.
Dès qu'elles sont cuites, les poser dans une passoire et les laisser s'écouler complètement de leur eau.
Procéder pour les aubergines comme indiqué. Au moment de les hacher, leur adjoindre les courgettes.
Pour utiliser moins d'huile, mettre d'abord dans le saladier le lait en poudre, bien mélanger puis ajouter l'huile comme indiqué.

Certaines ménagères d'aujourd'hui mettent au four 45 mn les aubergines puis les fendent par moitié et les évident à la cuillère en bois avant de les hacher. Mais le goût caractéristique de « fumé » disparaît totalement.
En hiver, les légumes étant chers, si l'on désire du caviar d'aubergines, on ajoutera à poids égal des courgettes, mais pour les puristes, on le devine au goût.

HARICOTS BLANCS BATTUS
FASOLE BĀTUTĀ

préparation : 20 mn
cuisson : 1 h
pour 4 personnes

250 gr de haricots blancs
1 carotte
1 feuille de céleri
1 oignon

250 gr d'oignons en rondelles
huile
sel, poivre

Afin de les rendre digestes, mettre à bouillir les haricots blancs dans de l'eau froide. Au premier bouillon, jeter cette eau et remettre à bouillir dans l'eau bouillante salée cette fois. Ajouter carotte, céleri et l'oignon. Assaisonner. Cuire environ 1 h. Goûter car les haricots blancs frais cuisent plus vite que les secs. Dans une poêle bien huilée mettre à dorer les oignons. Ne pas couvrir pour laisser les oignons croustillants.
Passer à la moulinette grille fine les haricots blancs sans légumes et sans eau.

Remettre sur feu doux et battre cette purée rose avec force à l'aide d'une cuillère de bois. La purée va gonfler.
Renverser sur un plat de service rond.
Aplatir le dessus au couteau et disposer en couronne les oignons et leur huile.
C'est un plat très riche ... mais exquis, généralement accompagné de concombres conservés dans la saumure.

CROQUETTES DE SEMOULE
CROCHETE DE GRIS

préparation : 15 mn
cuisson : 10 mn
pour 4 personnes

1 tasse de semoule
2 œufs
huile, farine
sel

Faire bouillir 3 tasses d'eau salée.
Verser la semoule en pluie tout en mélangeant.
Baisser le feu et continuer à mélanger jusqu'à complète absorption du liquide (environ 5 mn). Laisser refroidir.
Ajouter alors les œufs battus en omelette. Mélanger vivement à cuillère de bois.
Faire des croquettes et les fariner.
Mettre à dorer dans une poêle bien huilée.
Servir avec les légumes du pot-au- feu.

CONCOMBRES EN SAUMURE (se fait en été)
CASTRAVEŢI ÎN SARAMURĂ

préparation : 1 semaine
cuisson : 5 mn
pour 10 personnes

2 kg de gros cornichons
dits aussi concombres nains
2 têtes d'ail frais
sel
10 branches d'aneth frais

Laver, équeuter fin les cornichons et bien les sécher.
Bouillir 2 litres d'eau salée avec 80 gr de sel. Après 3 bouillons, laisser refroidir.
Éplucher l'ail et réserver les gousses sans les laver.
Rincer l'aneth.
Dans un grand pot de verre à fermeture hermétique, disposer bien serré quelques cornichons, des branches d'aneth et des gousses d'ail. Recommencer jusqu'à épuisement. Finir par des branches d'aneth.
Couvrir d'eau (s'il en faut plus, refaire le mélange 1 l et 40 gr de sel).
Fermer et mettre au soleil dehors ou devant une fenêtre.
Tous les 2 jours, revider l'eau du bocal dans un saladier en maintenant les cornichons à l'intérieur.
Puis laisser couler l'eau du saladier dans le bocal d'une hauteur de 30 cm pour l'oxygéner. Fermer le couvercle, remettre au soleil.
Recommencer cette opération tous les 2 jours encore 2 fois. Laisser toujours au soleil.
La saumure et l'ail dégagent une odeur très agréable.
Ces cornichons accompagnent toutes les viandes cuites au gril et sont typiquement roumains.

ESCALOPES DE LÉGUMES PANÉES
SNIŢEL DE LEGUME

préparation : 30 mn
cuisson : 20 mn
pour 4 personnes

2 œufs
2 carottes
1/4 chou blanc
1/4 céleri-rave
200 gr haricots verts
5 pommes de terre

200 gr de pois
1 cuillère à soupe de farine
1 cuillère à soupe de fromage râpé
farine, chapelure
huile, sel

Éplucher et couper les légumes en gros dés. Les cuire à peine couverts d'eau salée.
Les égoutter et les hacher menu au couteau.
Dans un saladier, battre les œufs avec la farine, ajouter les légumes et le fromage râpé.
Disposer chapelure et farine dans deux assiettes.

Faire des boulettes entre les mains (si trop molles, ajouter un peu de chapelure), et les rouler dans la farine.
Les aplatir ensuite dans la chapelure pour leur donner l'épaisseur d'une escalope.
Faire dorer à l'huile et à la poêle.
Servir entouré d'une salade de concombres.

SALADE DE CONCOMBRES
SALATĀ DE CASTRAVEȚI

préparation : 10 mn
Pas de cuisson
pour 4 personnes

1 concombre
2 cuillères à soupe d'huile
ou de crème fraîche
1 cuillère à café de vinaigre ou citron
aneth ciselé
sel, poivre

Éplucher et trancher finement le concombre (ne l'évider de ses graines que si elles sont fermes) dans un saladier. Le saler généreusement et le laisser reposer 1/2 h.
Presser les tranches entre les paumes des mains afin d'en exprimer toute l'eau.
Assaisonner de vinaigrette sans oublier que le concombre est déjà salé.
Ajouter l'aneth à la sauce.
Le concombre salé perd environ la moitié de son poids.

SALADE ORIENTALE
SALATA ORIENTALĀ

préparation : 10 mn

tomates, concombres
oignons, poivrons verts
olives noires
huile, sel

Tous les légumes sont coupés en tranches très fines, les proportions dépendent des ressources du garde-manger. Cette salade ne comporte pas de vinaigre, le sel faisant dégorger les ingrédients. Bien la mélanger et laisser reposer 1 h au frais.
On pourra aussi ajouter quelques tranches fines de pommes de terre bouillies et de radis noir.
Cette salade est quotidienne au déjeuner des Roumains.

SALADE D'ÉPINARDS CUITS
SALATĀ DE SPANAC

préparation : 30 mn
cuisson : 10 mn
pour 4 - 6 personnes

1 kg d'épinards
4 œufs durs
vinaigrette habituelle, sel

Laver les épinards équeutés à grandes eaux.
Les jeter dans l'eau bouillante salée, les laisser cuire 5 mn, les retirer à l'écumoire et les déposer dans une passoire.
Lorsque les épinards sont bien égouttés, les hacher au couteau sur une planche de bois.
Les assaisonner de vinaigrette.
Dresser sur un plat garni de quartiers d'œufs durs.

SALADE DE QUEUES D'ÉPINARDS
SALATĀ DE COZİ DE SPANAC

préparation : 10 mn
cuisson : 10 mn
pour 4 personnes

Les queues d'1 kg d'épinards frais
2 œufs durs
1 gousse d'ail
vinaigrette
sel

Laver les queues soigneusement en enlevant toute trace de radicelles.
Faire cuire à l'eau bouillante salée 10 mn.
Les retirer à l'écumoire et les déposer dans une passoire.
Une fois bien égouttées, mettre les queues dans un saladier dont on aura frotté les parois avec la gousse d'ail coupée par son milieu pour mieux en exprimer le suc.
Assaisonner de vinaigrette.
Garnir de quartiers d'œufs durs.
Servir en même temps que la salade d'épinards cuits.

SALADE DE POIVRONS GRILLÉS
SALATĂ DE ARDEI COPȚI

préparation : 10 mn
cuisson : 15 mn
pour 1 personne

1 poivron par personnne
vinaigre
sel

Choisir des poivrons verts ou rouges (les verts ont plus de goût) bien lisses. Les boursouflés cuisent d'une façon moins égale.
Placer les poivrons sur le barbecue, le gril à viande ou sous le gril du four. Les tourner afin que la peau grille et se soulève.
Lorsqu'ils sont cuits, les déposer dans un saladier et les recouvrir de sel fin. Une fois tous les poivrons cuits, les recouvrir d'un couvercle ou de torchons afin de les laisser suer un bon quart d'heure.
Les éplucher en tirant sur la peau, les essuyer de toute trace noire avec la main humide et les déposer dans un saladier dans lequel on aura fait une vinaigrette. Il ne faut surtout pas les équeuter car ils doivent être retournés dans la vinaigrette. Consommer après quelques heures, lorsque les poivrons seront bien imprégnés de sauce.
Cette salade peut être gardée 3 jours, recouverte, au réfrigérateur.

SALADE VERTE A LA CRÈME
SALATĂ VERDE CU SMÂNTÂNĂ

préparation : 10 mn
Pas de cuisson
pour 4 personnes

1 salade de laitue
2 cuillères à soupe de crème fraîche
1 cuillère à caféé de vinaigre ou de citron
sel, poivre

Laver soigneusement les feuilles de salade.
Les sécher puis les disposer sur un torchon propre afin d'éliminer toute trace d'eau.
Mélanger dans un saladier la crème, le vinaigre (ou le citron), le sel et le poivre.
Ajouter la salade. Mélanger délicatement.
Garnir de tranches fines de 3 radis roses.

Les Viandes

GIGOT D'AGNEAU MARINÉ CHASSEUR
PULPĀ DE BERBEC MARİNĀT CA VĀNĀTUL

préparation : 12 h
cuisson : 1 h
pour 4 - 6 personnes

1 gigot raccourci
1 bouteille de vin rouge
1/2 litre de vinaigre de vin
4 cuillères à soupe d'huile
2 carottes
2 oignons
1/4 de céleri rave
3 branches de thym
3 feuilles de laurier
75 gr de beurre
sel, poivre en grains

Couper en tranches fines les légumes.
Dans une casserole, verser vin, vinaigre et huile. Ajouter les légumes, le thym et l'assaisonnement.
Bouillir jusqu'à cuisson des légumes.
Laisser refroidir à couvert après avoir ajouté le laurier.
Dans un grand saladier, disposer le gigot et le recouvrir de marinade froide.
Couvrir de papier d'aluminium.
Laisser au réfrigérateur pendant au moins 12 h en le retournant 3 fois.
Égoutter le gigot.
Le déposer sur une grille au-dessus du lèche-frites dans lequel on aura mis le beurre.
Enfourner et laisser cuire à feu vif 1/2 h puis à four moyen le temps prescrit par le boucher.
Arroser ce gigot du jus recueilli dans le lèche-frites, ceci assez souvent pour avoir une viande bien juteuse.

Pour du mouton, opérer de la même façon. La cuisson sera plus longue et le nombre des convives plus important.

Toute viande à rôtir doit être bien séchée auparavant, afin qu'elle n'attache pas.

CRÉPINETTE D'AGNEAU
DROB DE MİEL

préparation : 40 mn
cuisson : 1 h
pour 4 personnes

1 fressure (cœur, foie, poumons)
3 œufs
80 gr de mie de pain rassis
1 cuillère à soupe de crème fraîche
1 verre de fines herbes hachées
(persil, aneth, ciboulette)
1 belle crépine intacte
lait, huile
sel, poivre

Laver la crépine et la laisser dans de l'eau glacée.
Tremper la mie dans du lait. Essorer.
Au-dessus d'un saladier, passer au hachoir à viande la fressure et le pain.
Ajouter la crème fraîche, les œufs, les herbes. Saler et poivrer.
Graisser à l'huile un plat à gratin ovale à bords assez bas.
Après avoir séché la crépine (attention à ne pas la déchirer), la déposer dans le plat en laissant bien déborder les côtés.
Étaler à la cuillère et d'une façon régulière la farce.
Serrer la crépine en rabattant les 2 bouts, afin d'obtenir une grosse saucisse plate.
Laisser cuire et dorer à four moyen 1 h environ. Piquer pour contrôler. Aucun liquide ne doit s'en échapper.
Découper comme un rôti, accompagné d'une salade verte.

GOULACHE HONGROISE
GULAŞ

préparation : 10 mn
cuisson : 1 h
pour 4 personnes

500 gr de viande
2 oignons hachés
2 tomates pelées ou 1 petite boîte de concentré de tomates
1 poivron vert en julienne
1 cuillère à soupe de paprika doux
huile
sel

La goulache peut se faire avec du quasi de bœuf ou de veau ou avec du filet mignon de porc.
Couper la viande en gros dés.
Dans une cocotte, faire dorer les oignons à l'huile.
Lorsqu'ils sont bien blonds, hors du feu, ajouter le paprika et 3 cuillères à soupe d'eau froide. Bien mélanger.
Remettre sur le feu et ajouter la viande, les tomates en dés (ou le concentré) et le poivron.
Couvrir d'eau froide la viande à mi-hauteur, saler et laisser mijoter 1 h.
Faire bouillir des pommes de terre.
Les ajouter autour de la viande quelques instants avant de servir.

ASPIC DE PORC ET VEAU
RĀCİTURİ

préparation : 1 h
cuisson : 1 h
pour 6 personnes

2 pieds de porc
2 pieds de veau
1 carotte bouillie
2 œufs durs
4 cornichons au vinaigre
1 tête d'ail

Bien laver et nettoyer les pieds.
Les mettre à bouillir dans 2 litres d'eau salée froide, à petit feu. Écumer. Les

pieds sont cuits lorsque la viande se détache facilement de l'os. Laisser tiédir.
Disposer dans le fond de 2 plats creux des rondelles et des languettes de cornichons, des rondelles, des languettes et même des étoiles de carotte et des rondelles d'œuf en essayant de faire un dessin.
Retirer les os du bouillon et déposer la viande en morceaux dans les 2 plats.
Dégraisser le bouillon puis le laisser reposer 1 h.
Écraser l'ail au presse-ail sur une passoire à travers laquelle on fera couler le bouillon sur les plats. Recouvrir la viande.
Laisser prendre la gelée puis garder au réfrigérateur.
Avant de servir, retourner les plats qui auront servi de moule sur un plat de service. Pour décoller l'aspic, poser un instant le plat sur une éponge trempée dans l'eau bouillante.
Les contenants doivent être plutôt à fond large et à bords assez bas afin de laisser prendre la gelée en profondeur.

PETITES SAUCISSES DE VIANDE AU GRIL
MİTİTEİ

préparation : 30 mn
cuisson : 10 mn
pour 4 personnes

1 kg de collier de bœuf haché
200 gr de gras de bœuf haché
1 tablette de concentré de viande
3 gousses d'ail
carvi (cumin) en poudre
gingembre en poudre
bicarbonate de soude
sel, poivre

Déposer la viande et le gras hachés dans la partie la plus froide du réfrigérateur pendant 2 h.
Dans un saladier, mettre ensuite la viande hachée et le gras, un nuage de carvi et de gingembre (ce dernier est facultatif).
Mixer 1/4 de litre de bouillon froid ou d'eau avec les gousses d'ail. Laisser infuser quelques minutes puis l'ajouter dans le saladier en le versant à travers une passoire fine.
Terminer par une pointe de couteau de bicarbonate de soude qui donnera aux « mititei » l'élasticité tant prisée des connaisseurs.
Bien malaxer la viande à pleines mains.
Allumer le feu sous le barbecue ou sous le gril.

Faire avec les mains mouillées des petites saucisses, les rouler sur une planche en bois et les couper aux 2 bouts.
Les mettre à feu joyeux 10 mn environ en les enduisant au pinceau d'un peu de bouillon.
Les mititei doivent être grillés, luisants, rosés à l'intérieur, juteux et souples.
Si l'on n'a pas de jus de viande, ajouter au jus d'ail un filet d'huile et en enduire les « mititei » de la même façon.
Servir accompagné de pommes de terre frites un peu épaisses (pommes château) et de petits piments verts, redoutables.

« Mititei » veut aussi dire les « tout-petits ». Comment trouver nom plus caressant pour ce mets exquis ?

Une viande au gril se retourne lorsqu'apparaissent 2 - 3 gouttes de jus sur sa surface.

BOULETTES DE VIANDE HACHÉE
CHİFTELE TOCATE

préparation : 30 mn
cuisson : 15 mn
pour 6 personnes

500 gr de macreuse hachée
ou de bifteck haché
2 œufs
100 gr de mie de pain rassis
1 oignon haché menu
persil ou aneth haché
huile
sel, poivre

Faire revenir l'oignon dans un peu d'huile à feu doux. Le laisser blondir puis refroidir.
Tremper la mie dans de l'eau tiède. Bien l'exprimer.
Dans un saladier mettre la viande, les œufs, le pain bien émietté (on peut le passer à la moulinette grille moyenne), la verdure choisie, l'oignon et son huile, sel et poivre.
Pétrir des 2 mains comme pour une pâte à brioche. Lorsque le mélange est bien homogène, prendre entre les deux mains la boule ainsi formée, la soulever et la laisser tomber dans le saladier d'une hauteur d'environ 30 cm. Cette opération renouvelée deux fois en retournant la viande lui permet de s'alléger et de devenir plus souple.
Mettre de la chapelure sur une planche en bois et rouler par-dessus des boulettes de la grosseur d'un œuf. Aplatir doucement.
Cuire à la poêle sur un bon fond d'huile. Garder un feu moyen afin que les boulettes soient moelleuses et qu'une bonne croûte puisse se former.
Pour pallier le manque de moelleux du steack haché, rajouter une belle pomme de terre crue passée au mixer.

On retrouve les « chiftele » roumaines dans les pays méditerranéens (les Keftheles grecques) et orientaux (« kefta » arabe). Au Maghreb, sans chapelure, elles accompagnent le couscous.
Comme dans tous ces pays, on mange aussi les « chiftele » froides. Quand on voyage, on prépare donc des « chiftele » avec beaucoup d'ail, pour éviter à la viande de tourner pendant quelques jours. Dans les trains, au moment des repas, on déploie un torchon qui est roulé autour des « chiftele » et du pain.
Il y a 50 ans, il fallait 3 jours en Orient-Express pour aller de Paris à Bucarest. Le « Guerlain » fleurait bon dans les wagons-lits et l'ail dans les 3e classe !

BOULETTES A LA SAUCE TOMATE
CHIFTELE CU SOS DE ROŞII

Aux boulettes de viande hachée, on ajoutera une belle sauce tomate dans laquelle on les fera cuire après les avoir moulées uniquement dans de la farine avant de les frire.
La sauce doit être assez courte et épaisse, acidulée d'un morceau de sucre et de vinaigre.
Les boulettes sont meilleures réchauffées et seront donc appréciées pour un buffet.
On pourra aussi, avant de les laisser refroidir, ajouter une tombée de vinaigre et des feuilles de laurier.

Attention, ne jamais faire bouillir le laurier (sauf dans l'eau) car il apporte une légère amertume aux sauces. Le déposer après l'ébullition ou bien le laisser refroidir dans le liquide choisi.

BOULETTES MOLDAVES
PĀRJOALE MOLDOVENEŞTI

Même recette que pour les « Chiftele »

Ces boulettes « moldaves » se différencient par la forme des « chiftele ».
La boulette, une fois formée, est vraiment aplatie dans la chapelure. On obtiendra une tranche de viande hachée de la valeur d'une escalope.
Afin d'éviter qu'elle ne gonfle à la cuisson, on l'entaillera en croisillons sur les deux faces après l'avoir passée à la chapelure. On se sert pour le faire du tranchant d'un couteau.
Cuire à l'huile à feu vif afin d'obtenir une croûte dure et sèche.

Les Moldaves ont gardé jalousement leur accent, le plus pur de Roumanie (comme chez nous celui de l'Ile de France), leur vocabulaire propre et leurs coutumes. Leurs parents sont appelés Mamaïa et Tataïa, la fille aînée Ţaţà (tante) et le fils aîné Bādia (oncle). Ils s'adressent aux personnes qu'ils veulent honorer à la troisième personne, et baisent la main de leurs grands-parents.

BOULETTES DE POULET MAMAÏA
CHIFTELE DE PASĀRE

préparation : 15 mn
cuisson : 15 mn
pour 2 - 3 personnes

250 gr de poitrine de poulet cru
ou de filets de dinde
75 gr de mie de pain rassis
1 œuf
1 concentré de pot-au-feu
1 cuillère à soupe de crème fraîche
lait, sel

Hacher la viande choisie au mixer à viande.
Tremper la mie de pain dans du lait tiède et bien l'exprimer.
Dans un saladier, bien mélanger du bout des doigts la viande, la mie émiettée et l'œuf. Saler.
Faire de petites boulettes de la grosseur d'une noix.
Mettre à bouillir le concentré de pot-au-feu selon les indications données. Ajouter alors les boulettes et laisser frémir à découvert pendant 10 mn.
Dans le liquide qui aura diminué, rajouter, au moment de servir, la crème fraîche.
Accompagner de riz nature.
Si l'on ajoute de la crème de régime, mettre un peu moins d'eau dans le bouillon.

RAGOÛT DE CHEVREAU ANUȚA
MANCARE DE CAPRİOARA ANUȚA

préparation : 20 mn
cuisson : 35 mn
pour 4 personnes

1 kg de chevreau
10 queues d'oignons en botte
25 gr de beurre
sel, poivre

Dans une cocotte, faire dorer les morceaux de viande dans du beurre.
Couper en rondelles fines les queues d'oignon et les ajouter à la viande. Assaisonner, ajouter 1 verre d'eau chaude.
Laisser mijoter 1/2 h.
Servir entouré de pommes de terre vapeur.

ESTOUFADE D'AGNEAU
STUFAT DE MİEL

préparation : 30 mn
cuisson : 40 mn
pour 4 personnes

1 kg d'épaule d'agneau
20 brins d'ail sauvage
40 brins de ciboulette
1 boîte de concentré de tomates de 71 ml
2 cuillères à café de vinaigre
1 cuillère à soupe rase de farine
huile
sel, poivre

Dans une cocotte, faire revenir la viande dans un peu d'huile (si on a choisi du mouton, graisser simplement le fond). Dès que la viande commence à se colorer, ajouter la farine, mélanger puis verser le concentré de tomates dilué dans 3 fois son volume d'eau. Laisser frémir.
Ébouillanter tous les brins et les laisser sécher sur un torchon. Ils seront assez souples pour être noués aux 2 bouts puis encore une fois au milieu. Ils formeront le chiffre 8 !
Dans la cocotte, ajouter les brins noués, le vinaigre, l'assaisonnement.
Si la cocotte le permet, la mettre à four moyen couverte jusqu'à ce que la viande soit très tendre et le jus assez court.
Sinon, utiliser une forme à soufflé recouverte de papier d'aluminium.
Pour le mouton, doubler le temps de cuisson.

RÔTI DE PORC MARINÉ
FRİPTURĀ DE PORC MARİNATĀ

préparation : 8 h
cuisson : 2 h 10
pour 5 - 6 personnes

1 kg 200 de rôti de porc
1/3 de bouteille de vin blanc
1/3 de litre de vinaigre
2 carottes
2 oignons
3 gousses d'ail
1 feuille de céleri
2 feuilles de laurier
1 pot moyen de crème fraîche
1 cuillère à soupe de farine
sel, poivre en grains

Couper les légumes en tranches.
Mettre à bouillir le vin, le vinaigre, l'huile, les légumes et l'assaisonnement.
Ajouter le laurier, couvrir et laisser refroidir la marinade.
Dans un grand saladier, mettre le rôti, le couvrir avec la marinade. Couvrir avec du papier d'aluminium.
Déposer au réfrigérateur 8 h environ et tourner la viande toutes les 2 h.
Dans un plat à gratin profond, mettre le rôti bien égoutté et le laisser à four très chaud le temps de le dorer.
Couvrir alors de la marinade filtrée à travers une passoire.
Enfourner à nouveau à feu moyen.
Tourner le rôti de temps en temps.
Après 2 h environ, la viande est cuite et la marinade a diminué de moitié au moins.
Manier la crème avec la farine, mettre sur le feu et, tout en mélangeant, ajouter la marinade du four. Laisser frémir 10 mn.
Pendant ce temps, couper la viande en tranches, la disposer sur un plat de service bien chauffé.
Arroser d'un peu de sauce.
Servir le reste en saucière.

RAGOÛT DE BOEUF
TOCANĀ

préparation : 10 mn
cuisson : 1 h
pour 5 - 6 personnes

800 gr de gîte de bœuf
2 gros oignons hachés
2 gousses d'ail hachées
aneth ciselé
huile
sel, poivre

Couper la viande en morceaux et la faire revenir à l'huile dans une cocotte avec oignon et ail.
Dès que le mélange blondit, ajouter aneth, assaisonnement (un peu de concentré de tomates si on le désire).
Couvrir à moitié d'eau bouillante et laisser cuire à petit feu.
Surveiller la cuisson (une bonne heure).
Servir avec de la polenta bouillie.
On pourra aussi, au début de la cuisson, ajouter des morceaux de carottes.

La Roumanie a subi, au gré des invasions qui jalonnent son histoire, des influences grecques, slaves, hongroises, allemandes, polonaises et, bien sûr, turques. La nourriture roumaine s'est donc enrichie des recettes véhiculées en même temps. Si les plats sont restés sensiblement les mêmes, les mots pour les désigner et le vocabulaire roumain en général s'en sont trouvés déformés, par la prononciation ou par l'usure.

La rose	**grec**	**triandafilo**
	roumain	**tr andafi r**
boulettes	**grec**	**keftedhe**
	roumain	**kiftel e**

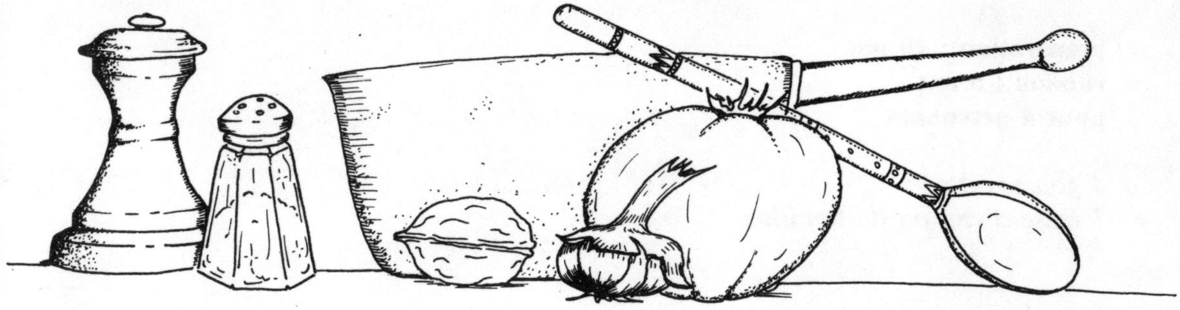

Les Sauces

SAUCE A L'AIL
MUJDEIU DE USTUROIU

préparation : 10 mn
cuisson : 5 mn
pour 4 personnes

4 gousses d'ail	*sel*
1 tasse d'eau ou de bouillon	

Éplucher l'ail.
Dans un mortier en pierre ou en bois, le couper, le saler et l'écraser au pilon jusqu'à l'obtention d'une pommade un peu collante.
Ajouter alors le liquide choisi, bien chaud.
Laisser refroidir et servir en saucière.
Cette sauce arrose un poulet à la broche et toutes les viandes faites au gril ou au barbecue.

Pour ne pas durcir le foie s'il est taché de fiel, le laver dans du lait.

SAUCE A L'AIL CHAUDE
SOS DE USTUROÏ CU FĀÏNĀ

préparation : 10 mn
cuisson : 10 mn
pour 4 personnes

1/2 cuillère à soupe de beurre en pommade
1/2 cuillère à soupe de farine
1 tasse de bouillon (ou d'eau)
2 cuillères à soupe de vinaigre
2 gousses d'ail écrasé
sel

Faire fondre le beurre, lui ajouter, en mélangeant, la farine puis le liquide choisi. Dès que l'ébullition commence, ajouter le vinaigre, l'ail et un peu de sel. Laisser frémir 10 mn à feu doux en mélangeant de temps en temps.
Cette sauce accompagne viandes bouillies, pot-au-feu, poule au pot, pieds de porc et jarrets de veau.

SAUCE A L'ANETH
SOS DE MĀRAR CU SMĀNTĀNĀ

préparation : 10 mn
cuisson : 10 mn
pour 4 personnes

1 cuillère à soupe de beurre
1 cuillère à soupe de farine
1 tasse de lait froid
2 cuillères à soupe de crème fraîche épaisse
5 branches d'aneth ciselé
sel

Faire fondre le beurre, lui ajouter, en mélangeant, la farine puis le lait d'un coup. Après quelques bouillons, ajouter crème, aneth et sel et réchauffer à feu doux. Servir en saucière.
Cette sauce a le même emploi que la sauce à l'ail chaude.

SAUCE AUX NOIX
SCORDOLEA DE NUCİ

préparation : 10 mn
pas de cuisson
pour 4 personnes

100 gr de cerneaux de noix
50 gr de mie de pain rassis
75 gr d'huile environ
1 gousse d'ail
vinaigre ou jus de citron

Écraser les noix dans un mortier ou les râper grossièrement.
Tremper la mie de pain dans l'eau et bien l'essorer.
Dans un saladier, émietter le pain, le mélanger aux noix et lorsqu'on obtient une pâte homogène, ajouter l'huile en filet en tournant au batteur électrique.
Ajouter l'ail en le pressant au press-ail.
Assaisonner d'un filet de vinaigre ou de citron.
Cette sauce doit être épaisse, onctueuse et crémeuse.
Elle accompagne viande de pot au feu, poule au pot, écrevisses à la nage.
Allégée d'eau gazeuse, elle assaisonne les légumes d'été mangés à la croque.

En Italie, dans la province de Ligurie, cette sauce appelée « sugo di noce » assaisonne raviolis et tagliatelles. Elle est enrichie d'un peu de ricotta et d'une pincée de marjolaine.
En Grèce pour la « SKORDHAÏLA », on remplace les noix par des amandes...

SAUCE AU RAIFORT
SOS DE HREAN

préparation : 15 mn
pas de cuisson
pour 4 personnes

1 racine de raifort
1 jaune d'œuf
1 cuillère à soupe de crème fraîche
1 cuillère à café de vinaigre
sel

Éplucher le raifort et le râper très fin.
Dans un pot de verre, mélanger le jaune d'œuf avec la crème, ajouter sel et vinaigre et finir par le raifort dont on mettra la quantité selon son goût.
Déposer ce pot dans un récipient d'eau chaude jusqu'au moment de la servir en saucière car cette sauce se sert tiède.
Bien la fouetter avant de la servir.

Pour réaliser cette sauce utiliser un pot à cornichons en verre car l'embouchure est assez large pour passer le fouet.

SAUCE TOMATE
SOS DE ROSÎI

préparation : 10 mn
cuisson : 10 mn
pour 4 personnes

1 petite boîte de concentré de tomates
1 cuillère à soupe de beurre
1 cuillère à café de farine
1/2 morceau de sucre
lait ou eau
sel

Dans un bol, mélanger concentré de tomates et farine.
Dans une casserole, sur feu doux, mettre à fondre le beurre, ajouter le mélange, délayer avec le liquide choisi.
Saler et sucrer.
Laisser cuire 10 mn environ en mélangeant de temps en temps.

L'onctuosité et la fluidité de cette sauce dépendent du liquide et de la quantité choisis. Elle accompagne les crêpes salées, les viandes bouillies ou tout simplement les omelettes.

Tous les plats roumains en sauce sont meilleurs s'ils sont maintenus 1/2 heure au four avant d'être servis.

SAUCE DE TOMATES FRAICHES
SOS DE ROSÎI

préparation : 20 mn
cuisson : 35 mn
pour 8 personnes

10 grosses tomates
1 cuillère à soupe d'huile
1 gros oignon
1 feuille de céleri
1 feuille de laurier
1 morceau de sucre
sel, poivre

Choisir des tomates bien mûres.
Dans une cocotte à fond épais et sur feu doux, mettre à cuire dans l'huile tous les ingrédients (sauf le laurier) coupés grossièrement.
Ajouter un verre d'eau.
Laisser bouillonner 1/2 heure.
Passer au moulin à légumes grille fine, remettre sur le feu pour diminuer la sauce si elle vous paraît trop longue.
Sinon, ajouter si on le désire, la feuille de laurier et laisser reposer.
Cette sauce se sert chaude ou froide et se conserve fort bien dans un pot en verre au réfrigérateur.

Garder les pieds des champignons et bien les nettoyer. Les faire bouillir dans un peu d'eau salée. On pourra les ajouter en variante à presque toutes les sauces.

Les Desserts

CRÈME DE SUCRE BRÛLÉ
CREMĀ DE ZAHĀR ARS

préparation : 20 mn
cuisson : 5 mn
pour 6 - 8 personnes

4 jaunes d'œufs
20 morceaux de sucre n°4
3 feuilles de gélatine
250 gr de crème fouettée
1 paquet de sucre vanillé
huile, eau bouillante

Porter en caramel très roux le sucre, puis ajouter hors du feu 4 cuillères à soupe d'eau chaude.
Remettre sur le feu en délayant puis laisser diminuer sur feu doux de moitié.
Mettre à fondre dans un bol les feuilles de gélatine couvertes de 2 cuillères à soupe d'eau bouillante.
Battre au fouet électrique les jaunes d'œufs jusqu'à obtenir une mousse, ajouter la gélatine puis le caramel bien chaud sans cesser de battre.
Laisser refroidir.
Mélanger avec précaution la crème fouettée au caramel obtenu. Ajouter le sucre vanillé.
Huiler légèrement une forme à cheminée pour baba. Y verser la composition.
Mettre au réfrigérateur partie très froide pour 12 h.
Retourner sur un plat à gâteaux un peu profond.

CRÈME BIBESCO
CREMA BİBESCO

préparation : 35 mn
cuisson : 20 mn
pour 6 - 8 personnes

25 châtaignes
300 gr de sucre
75 gr de beurre en pommade
1/2 bâton de vanille
40 biscuits à la cuillère
1 bol de crème chantilly
cognac, lait

Faire bouillir les châtaignes, les éplucher et les passer à la moulinette grille fine sur un saladier.
Faire un sirop bien lié avec le sucre et 1 verre d'eau. Verser sur les châtaignes le sirop en mélangeant pour bien l'incorporer.
Remettre le tout sur feu doux, ajouter la vanille et mélanger pour obtenir une crème. Lorsque la masse est tiède, lui ajouter beurre et cognac.
Dans un plat à cake, disposer côte à côte et bien serrés 10 biscuits très légèrement imbibés de lait acidulé de cognac. Tartiner par-dessus et sans dépasser 1/3 des châtaignes et remettre en alternant biscuits imbibés et châtaignes.
Sur la dernière couche de biscuits, étaler la crème fouettée.
Garnir de cerises à l'eau de vie.
Laisser reposer au réfrigérateur quelques heures.

Marthe, princesse Bibesco, souple liane d'une altière beauté, amie intime de Proust, romancière couronnée par l'Académie française (1908), reconnue par le Tout-Paris, hante encore le château de Mogoşöaia où elle savoura cette crème qui lui fut dédiée.

CRÈME CARAMEL
CREMĀ DE VANİLİE CARAMELİZATĀ

préparation : 30 mn
cuisson : 1 h
pour 6 - 8 personnes

1/2 litre de lait entier
4 cuillères à soupe de sucre
4 œufs
3 cuillères à soupe de sucre
1 bâton de vanille
1 moule à manqué en métal

Mettre à feu doux le lait, la vanille divisée en deux dans le sens de la longueur et les 4 cuillères à soupe de sucre. Lorsque le sucre est bien fondu, éteindre le feu dès le premier bouillon. Laisser tiédir.
Battre au fouet électrique les 4 œufs entiers mais arrêter avant que le mélange ne mousse. Verser doucement par-dessus le lait presque chaud.
Mettre le moule sur le feu avec le sucre. Dès qu'il prend couleur, le distribuer sur les parois et le fond en tournant le moule hors du feu.
Passer la crème par une passoire au-dessus du moule.

Enfourner au bain-marie à feu moyen 50 mn environ. Contrôler la cuisson à l'aide d'un pointe de couteau ou, mieux, d'un cure-dents qui doit ressortir sec. Mettre au bain-marie d'eau froide. Jamais au réfrigérateur. Laisser refroidir quelques heures.
Retourner sur un plat en libérant la crème de son moule avec la pointe d'un couteau si nécessaire.
Ne pas changer l'eau froide du bain-marie, cela durcirait le caramel.

> *Crème fouettée : fouetter toujours la crème après l'avoir gardée au moins 2 heures au réfrigérateur. On sucre uniquement à la fin : 1 cuillère à soupe rase de sucre pour 250 gr de crème.*

BEIGNETS RAPIDES
GOGOŞİ DİN ALUAT PRİPİT

préparation : 25 mn
cuisson : 10 mn
pour 4 - 6 personnes

200 gr de farine
4 œufs
1 cuillère à soupe de beurre
1 cuillère à soupe rase de sucre
1 cuillère à soupe de cognac
1 sachet de sucre vanillé
huile, sirop de fruits ou
sauce chocolat

Dans une casserole, mettre à bouillir le lait, les sucres, le cognac. Au premier bouillon, éteindre le feu et jeter d'un coup sec toute la farine sur le lait en mélangeant au fouet électrique jusqu'à ce que la pâte se détache des parois.
Monter les blancs en neige (sel).
Dans le mélange tiède, incorporer les jaunes d'œuf un par un puis les blancs en soulevant doucement la masse pour ne pas la briser.
Dans une poêle chauffée avec beaucoup d'huile, jeter les beignets à l'aide d'une cuillère à thé.
Faire bien dorer, retirer à l'écumoire puis déposer sur un papier ménager plié en 4.
Servir brûlant arrrosé de sirop de fruits en bouteille ou de chocolat fondu en saucière.

Le chou aigre cuit dans son jus devient un plat de fête traditionnel accompagné, comme ici, par un canard rôti au four disposé en morceaux, afin de permettre à la peau craquante de luire de toutes ses couleurs.

Les mititeï grillés au charbon de bois, agrémentés de petits poivrons piquants, servis sur des assiettes de bois sont la base de la viande grillée servie au restaurant ou chez soi. Suivront souvent côtelettes ou entrecôtes cuites de la même manière. En légumes, des pommes de terre "Château", frites épaisses dont les Roumains sont friands.

BISCUITS AUX NOIX
PESMEŢİ CU NUCİ

préparation : 35 mn
cuisson : 25 mn
pour 10 personnes

200 gr de cerneaux de noix
200 gr de farine
200 gr de sucre
100 gr de beurre fondu
2 œufs
1 jaune d'œuf
1/2 jus de citron
1 zeste de citron râpé
1 cuillère de sucre cristallisé

Hacher les cerneaux à la moulinette.
Dans un saladier, pétrir les noix, la farine, le sucre, les œufs et le jaune, le jus et le zeste de citron et le beurre fondu tiède.
Faire une boule et laisser reposer 1/4 d'h.
Sur la plaque à pâtisserie saupoudrée de farine, déposer les biscuits auxquels on donnera la forme désirée sur une épaisseur d'1/2 cm.
Écraser grossièrement des morceaux de sucre si l'on n'a pas de sucre cristallisé et mettre sur les biscuits.
Enfourner à four moyen jusqu'à ce que les biscuits soient dorés.

BACLAVA
BACLAVA

cuisson : 1 h
pour 6 - 7 personnes

12 feuilles de filo
250 gr de beurre fondu tiède
400 gr de cerneaux de noix
500 gr de sucre
1 bâton de vanille
1 moule de 24/30 cm de diamètre.

Moudre les cerneaux à la moulinette.
Dans le moule beurré à l'aide d'un pinceau, disposer 4 feuilles de filo beurrées entre elles au pinceau puis saupoudrer d'1/5e des noix.

Remettre 1 feuille, la beurrer, saupoudrer de noix.
Mettre en tout 4 feuilles, finir les noix, rajouter 4 feuilles beurrées entre elles.
Avec un couteau pointu bien aiguisé, couper des rectangles de 5/6 cm et couper ensuite chaque morceau en biais pour obtenir des triangles.
Le reste du beurre doit être coulé, à l'aide d'une petite cuillère, dans les interstices pour leur éviter de coller.
Enfourner à four doux pendant 1 h.
Faire un sirop avec le sucre, la vanille fendue dans le sens de la longueur et 2 verres d'eau.
Le verser bouillant sur les baclava après 50 mn de cuisson au four. Remettre au four 10 mn.
Lorsqu'ils seront froids, disposer les baclava sur un plat à gâteaux en arrosant chacun d'eux avec le sirop recueilli au fond du moule.

Ces gâteaux peuvent se garder 2 jours facilement.

BRIOCHE PASCALE
PASCĀ CU BRÎNZĀ DE VACĀ

Lorsque l'on fait le cozonac, garder la moitié de la pâte pour faire ce gâteau.

Farce :
500 gr de St-Florentin
3 œufs + 1 jaune
100 gr de sucre
1 cuillère à soupe de crème fraîche
1 cuillère à soupe rase de farine
2 paquets de sucre vanillé
100 gr de raisins secs

Beurrer un moule à gâteaux.
Faire une abaisse de pâte d'1/2 cm d'épaisseur et en tapisser le fond. Avec le reste de la pâte, diviser en 2 et rouler sous les mains pour faire 2 boyaux. Les torsader et les déposer tout autour des parois. Laisser gonfler la pâte à couvert.
Battre au fouet électrique le fromage, le sucre, les œufs entiers, la crème, la farine, le sucre, le sucre vanillé. On obtiendra une crème homogène. La verser au centre du gâteau.
Badigeonner la tresse et le fromage au jaune d'œuf.
Enfourner à feu moyen 1 h.
Laisser refroidir puis démouler.

BRIOCHE ROUMAINE
COZONAC

préparation : 3 h
cuisson : 1 h
pour 8 personnes

8 œufs
1 jaune d'œuf
250 gr de beurre fondu tiède
300 gr de sucre en poudre
1 kg de farine
1/2 litre de lait entier
30 gr de levure de boulanger
100 gr de raisins secs
sel, 1 morceau de sucre

Dans la cuisine où toutes les issues sont fermées et où il fait chaud, procéder comme suit :
Levain : dans un saladier, mélanger 1/2 tasse de lait tiédi avec la levure et le morceau de sucre.
Chauffer à ébullition 1/2 tasse de lait et la verser sur 3 cuillères à soupe de farine. Battre au fouet électrique pour éviter les grumeaux.
Lorsque ce mélange est juste chaud pour être touché sans brûler, l'ajouter à la levure et battre à nouveau pour obtenir des bulles d'air dans la pâte. Saupoudrer d'un peu de farine et laisser reposer, entièrement recouvert d'un torchon plié en deux près d'une source de chaleur (radiateur). Ce levain doit gonfler loin d'une fenêtre car le courant d'air ou l'air du dehors le ruinerait.
En une bonne 1/2 h, le levain est bien gonflé. Son odeur aigre est normale. Déposer auprès du levain le paquet de farine car toute la réussite du « cozonac » dépend de la température des ingrédients.
Battre les 8 jaunes d'œuf doucement au fouet électrique, avec à peine 2 cuillères à café rases de sel. Le mélange doit foncer de couleur. Ajouter le sucre. On doit obtenir un mélange mousseux.
Battre en neige 4 blancs (sel).
Tiédir un grand saladier avec l'eau chaude du robinet. Bien le sécher.
Déposer dans le saladier la farine restante du paquet et faire un puits. Ajouter les jaunes d'œuf en mélangeant du bout des doigts puis un peu de lait tiède et enfin les blancs d'œuf.
A partir de ce moment, il faut pétrir des 2 mains en ramassant soigneusement la pâte qui peut se dessécher sur les parois.

Au bout de 10 mn de pétrissage, déposer la pâte sur une table bien farinée. Tremper les paumes dans le beurre fondu tiède afin de l'amalgamer à la pâte, puis l'ajouter à la petite cuillère.
Il faudra pétrir environ 1/2 h afin d'obtenir une pâte élastique et un peu soufflée.
Au jugé, on ajoutera s'il le faut un peu de lait tiède en opérant comme pour le beurre. Finir par les raisins secs.
Remettre dans le saladier, saupoudrer de farine, recouvrir de 2 torchons et mettre au même endroit que le levain précédemment.
Temps de repos : au moins 1 h qui permettra à la pâte de doubler ou plus de volume.
Sur la table farinée, mettre le tiers de la pâte et la torsader à deux brins. La déposer dans un moule à cake ou à gâteau rond beurré. Faire ainsi pour les 3 parts (ou 2 selon le contenant choisi). La pâte doit arriver à mi-hauteur des parvis. Remettre à reposer 10 mn.
Enfourner — au four préchauffé — chaleur moyenne pendant 1 h, badigeonné au jaune d'œuf.
Démouler et laisser refroidir toujours dans la cuisine aux issues fermées.

CHARLOTTE AU CHOCOLAT MIA H.
CHALOTTE DE CİOCOLATĀ MIA H.

préparation : 30 mn
cuisson : 10 mn
pour 10 personnes

Crème :
200 gr de barres de chocolat ménage
1 cuillère à soupe de cacao amer
2 cuillères à soupe de sucre
5 œufs

Gâteau :
250 gr de crème fouettée
250 gr de biscuits à la cuillère + 8
2 cuillères à soupe de cointreau
1 moule à charlotte

Fondre au bain-marie le chocolat cassé en morceaux avec 2 cuillères à soupe de lait.
Battre au fouet électrique les œufs entiers avec le sucre et le cacao, ajouter le chocolat. Le mélange doit doubler de volume.
Dans une assiette creuse, mettre le cointreau et 2 cuillères à soupe d'eau. Tremper rapidement les biscuits et en tapisser le moule.

Ajouter la crème. Couvrir de biscuits.
Couvrir d'une assiette en mettant bien le fond de l'assiette sur les biscuits.
Laisser au réfrigérateur partie froide 24 h.
Démouler sur un plat à gâteaux juste avant de servir, mettre les 8 biscuits réservés sur la paroi, nouer tout autour, à mi-hauteur du ruban de satin.
Servir avec de la crème fouettée vanillée.

CAKE AU CITRON ROSA
CAKE DE LĀMĀİE ROSA

préparation : 30 mn
cuisson : 1 h
pour 6 - 8 personnes

150 gr de beurre en pommade
200 gr de sucre
200 gr de farine
3 œufs
2 paquets de sucre vanillé
1/2 jus de citron +
1 zeste râpé
1/2 paquet de levure en poudre
125 gr de raisins secs
1 moule à cake

Mélanger au batteur électrique les jaunes d'œuf et les sucres.
Ajouter le zeste puis le jus de citron, le beurre fractionné, la farine et la levure.
Égoutter les raisins secs qui auront trempé dans du rhum et les rouler dans un peu de farine.
Battre les blancs en neige (sel).
Ajouter les raisins secs et les blancs à la pâte, en soulevant pour ne pas casser la masse.
Beurrer un moule à cake et fariner.
Enfourner à feu très moyen 1 h environ.
Démouler une fois refroidi.

Ce cake se garde facilement 1 semaine même entamé si on prend la précaution de bien l'envelopper dans du papier d'aluminium.

CROISSANTS A LA CONFITURE
CORNULEȚE CU MARMELADĂ

préparation : 34 mn
cuisson : 30 mn
pour 6 personnes

150 gr de beurre en pommade
150 gr de farine
150 gr de petits suisses
1 cuillère à soupe de sucre
sel
confiture d'abricots épaisse
1 cuillère à soupe de beurre fondu

Dans un saladier, pétrir le beurre, la farine, le sucre et les petits suisses bien égouttés d'eau. Ajouter quelques grains de sel.
Laisser reposer 1/2 h.
Sur une table farinée, faire une abaisse d'1/2 cm d'épaisseur. Couper des triangles de 10 cm de base, déposer au centre 1 cuillère à soupe de confiture, rouler de la base vers l'angle aigu et donner une forme de croissant.
Beurrer la plaque à pâtisserie et y déposer les croissants.
Les badigeonner de beurre fondu avec le pinceau.
Enfourner et dorer à feu moyen.

CROISSANTS AU SÉSAME
COVRIGEI CU SUSAN

préparation : 25 mn
cuisson : 20 mn
pour 4 - 6 personnes

100 gr de sucre
2 cuillères à soupe de beurre fondu
1/2 tasse de lait entier
1 cuillère à soupe rase de bicarbonate
200 gr environ de farine
sel
Sirop :
2 cuillères à soupe de sucre
1 paquet de sésame

Pétrir le sucre, le beurre fondu, le lait, le bicarbonate, quelques grains de sel et 100 gr de farine. Ajouter petit à petit de la farine pour obtenir une pâte souple.
Sur feu doux, faire un sirop pas trop lié avec le sucre et 2 cuillères à soupe d'eau.
Dans une assiette creuse, déposer le sésame.
Beurrer et fariner la plaque à pâtisserie.
Abaisser la pâte sur 1/2 cm d'épaisseur. Faire des croissants en coupant des bandes de 2 cm et en les roulant en boudin. Donner la forme de petits bretzels.
Passer le dessus dans le sésame en appuyant.
Enfourner à feu moyen et laisser dorer.
Arroser encore tiède avec le sirop.
Les bretzels doivent être moelleux à l'intérieur et croquants à la fois.

PETITS CROISSANTS A LA VANILLE MARIA P.
CORNULEȚE CU VANILIE MARIA P.

préparation : 20 mn
cuisson : 30 mn
pour 6 personnes

210 gr de beurre en pommade
280 gr de farine
100 gr d'amandes en poudre
70 gr de sucre
2 sachets de sucre vanillé

Dans un saladier, mélanger du bout des doigts beurre, farine, amandes et sucre.
Rouler des morceaux de pâte en une longue saucisse.

La couper sur une longueur d'environ 5 cm, donner la forme d'un croissant. Il aura de part en part la même épaisseur.
Beurrer une plaque allant au four.
Enfourner à feu très doux. Les croissants doivent devenir jaune pâle.
Verser dans une assiette creuse le sucre vanillé et y rouler délicatement les croissants refroidis.

On peut conserver ces croissants au moins une semaine dans une boîte métallique.

GATEAU DE GRETA GARBO
GRETA GARBO SCHNİTT

préparation : 1 h
cuisson : 35 mn
pour 10 - 12 personnes

Pâte :
6 œufs
5 cuillères à soupe de sucre
250 gr d'amandes
Caramel :
100 gr de sucre
50 gr d'amandes
2 cuillères à soupe de cacao amer
50 gr de beurre

Crème :
200 gr de beurre en pommade
100 gr de sucre
Glaçage :
2 cuillères à soupe de cacao amer
ou 2 grosses barres de chocolat
2 cuillères à soupe de sucre
3 cuillères à soupe de lait
1 moule de 25/35 cm de diamètre

Griller les amandes à four doux. Les râper.
Dans un saladier, monter en neige 6 blancs d'œufs (sel) puis ajouter le sucre doucement et les 250 gr d'amandes.
Beurrer le moule et le fariner.
Enfourner à four moyen 1/2 h.
Sur feu vif, porter le sucre au caramel doré.
Hors du feu, mélanger vivement le cacao délayé dans 4 cuillères à soupe d'eau, les amandes et, finalement, dans le mélange froid, le beurre.
Dans un saladier, bien mélanger le beurre et le sucre, ajouter le caramel et les 6 jaunes d'œufs.
Le gâteau étant refroidi dans son moule, le mesurer et couper en 5 bandes égales.
Dans un plat à cake, déposer la première bande, la recouvrir d'un quart de crème et continuer en alternant.
Finir par la 5e bande qui sera recouverte du glaçage suivant :
Sur feu doux, faire fondre le sucre, le cacao et le lait en mélangeant tout le temps.
Avant le premier bouillon, verser ce glaçage chaud sur le gâteau (et pas sur les côtés) et lisser avec la lame humide d'un couteau.
Mettre au réfrigérateur 24 h.
Le glaçage ne doit être fait que quelques heures avant de déguster ce gâteau qui sera gardé à chaleur ambiante jusqu'au moment d'être servi.

GATEAU HONGROIS DOBOS
DOBOS TORT

préparation : 1 h
cuisson : 40 mn
pour 10 personnes

Pâte :
5 œufs
125 gr de sucre
5 cuillères à soupe de farine
Crème :
4 œufs
150 gr de sucre
2 sachets de sucre vanillé
4 barres de chocolat à cuire (100 gr)
250 gr de beurre en pommade
Glaçage :
4 cuillères à soupe de sucre
1 grand moule à cake.

Pâte :
Dans un saladier, battre en crème les jaunes d'œufs avec le sucre.
Battre les blancs en neige (sel).
Mélanger délicatement jaunes et blancs d'œufs et ajouter la farine.

Beurrer et fariner le moule à cake et y déposer 1/7 de la pâte.
Cuire à four chaud 5 mn. Recommencer jusqu'à épuisement de la pâte. Déposer ces feuilles bien à plat.

Crème :

Fouetter les œufs entiers et le sucre dans un pot au bain-marie. Dès épaississement, ajouter le chocolat (fondu au bain-marie avec un peu de lait). Laisser refroidir et ajouter le beurre en mélangeant à la cuillère de bois.
Dans un plat long à cake, diposer en alternant une feuille de gâteau et de la crème. On glacera la 7e feuille.

Glaçage :

Faire un caramel roux avec le sucre, sur feu vif.
Couler le caramel sur le gâteau et l'étaler rapidement en le glaçant à l'aide d'une lame de couteau chauffée pour le rendre bien brillant.
Couper les tranches sans les séparer. Laisser reposer ce gâteau quelques heures à température ambiante.

GATEAU MOCCA MAMAÏA
TORTĀ MOCA MAMAÏA

préparation : 40 mn
cuisson : 35 mn
pour 6 - 8 personnes

Pâte :
6 œufs
6 cuillères à soupe de sucre
4 cuillères à soupe de farine
Crème :
250 gr de beurre en pommade
2 cuillères à café de concentré de café soluble
4 cuillères à soupe de sucre
3 jaunes d'œufs
150 gr d'amandes effilées
1 paquet de sucre vanillé
1 moule de 23 cm de diamètre

Griller très légèrement les amandes au four. Battre les blancs d'œufs en neige (sel).
Dans un saladier, mélanger au fouet électrique les jaunes et le sucre.
Mélanger blancs et jaunes en saupoudrant la farine afin de ne pas casser la masse.
Beurrer le moule et le fariner.
Enfourner à four moyen 1/2 h. Le gâteau est cuit lorsque les bords se décollent du moule.
Dans un saladier, mélanger le beurre et les sucres. Lorsque le mélange est bien homogène, ajouter le café soluble, délayé dans 1 cuillère à soupe d'eau et les jaunes d'œufs.

Couper le gâteau tiède par le milieu.
Étaler la moitié de la crème sur une partie, l'autre servant à garnir le dessus et les côtés du gâteau.
Parsemer les amandes effilées en les enfonçant légèrement dans la crème.
Garder au réfrigérateur 12 h.

Ce gâteau peut aussi avoir une crème au chocolat. Dans ce cas, remplacer le café soluble par 3 cuillères à soupe de cacao amer.

Pour la cuisson des gâteaux, il est difficile de donner un temps exact. Il faut toujours vérifier à l'aide d'une allumette ou d'une aiguille à tricoter. Celle-ci doit ressortir sèche du milieu du gâteau.

GATEAU MARBRÉ
MARMOR KUCHEN

préparation : 30 mn
cuisson : 1 h
pour 8 personnes

150 gr de beurre en pommade
150 gr de farine
150 gr de sucre
3 œufs
1 paquet de sucre vanillé
1 cuillère à café rase de levure en poudre
2 cuillères à soupe de cacao amer
1/2 tasse de lait
1 moule à cake

Battre au fouet électrique les jaunes d'œufs avec le sucre.
Battre les blancs en neige (sel).
Incorporer aux jaunes les blancs en alternant avec la farine.
Délayer la levure dans le lait, ajouter le sucre vanillé et mélanger le tout à la pâte.
Beurrer et fariner le moule.
Y verser la moitié de la pâte.
Dans la seconde moitié, incorporer délicatement le cacao et le déposer sur la pâte, le long de son centre.
Enfourner à four très moyen 1 h environ.
Démouler une fois refroidi.

Ce cake se garde facilement une semaine même entamé si on prend la précaution de bien l'envelopper dans du papier d'aluminium.

GATEAU AU CHOCOLAT SONIA L.
PRĀJITURĀ DE CIOCOLATĀ SONIA L.

préparation : 20 mn
cuisson : 50 mn
pour 10 - 12 personnes

400 gr de chocolat à cuire
300 gr de sucre
300 gr de beurre en pommade
6 œufs
6 cuillères à soupe de chapelure
2 sachets de sucre vanillé
1 moule rectangulaire de 25/35 cm.

Faire fondre le chocolat au bain-marie. Laisser refroidir.
Mélanger le beurre avec les sucres puis ajouter les œufs un par un, le chocolat fondu et la chapelure cuillère par cuillère. On obtient une crème épaisse.
Beurrer et fariner le moule.
Cuire à four moyen 50 mn. Pour vérifier la cuisson, enfoncer dans le gâteau une lame de couteau. Elle doit en ressortir un peu collée. Si le dessus du gâteau cuit trop vite, déposer un rectangle de papier d'aluminium.
Couper environ 35 morceaux dans le moule et le déposer au réfrigérateur une fois refroidi.
Laisser 24 h.

GATEAU AU FROMAGE SUZYÇA
TORTĀ DE BRĀNZĀ SUZYCA

préparation : 30 mn
cuisson : 1 h
pour 6 - 8 personnes

500 gr de fromage blanc à 40 %
500 gr de petits suisses
4 œufs
200 gr de sucre
1 zeste + 1 jus de citron
4 cuillères à soupe de farine
100 gr de raisins secs (facultatif)
1 cuillère à soupe de cointreau (facultatif)
1 sachet de levure alsacienne
1 moule de 25 cm de diamètre.

Dans un saladier, mélanger au batteur électrique les jaunes d'œuf et les sucres pour obtenir une mousse blanchâtre.
Mettre à tremper les raisins dans le cointreau.

Mélanger les fromages.
Mélanger la farine et la levure.
Reprendre le saladier, rajouter les fromages, le zeste et le jus de citron, la farine (et les raisins bien égouttés).
Battre les blancs en neige très ferme (sel).
Les rajouter en soulevant la masse pour ne pas les briser.
Beurrer le moule.
Cuire à four moyen 45 à 60 mn.
Démouler et consommer tiède.

On pourra garnir le fond de ce gâteau de biscuits « petit-beurre » émiettés. Il faudra alors beurrer plus généreusement le fond du moule.

GATEAU AU FROMAGE AMBASSADRICE
TORTĀ DE BRINZĀ AMBASADOR

préparation : 30 mn
cuisson : 1 h
pour 8 - 10 personnes

Pâte :
350 gr de farine
250 gr de beurre en pommade
1 œuf
1 cuillère à soupe rase de levure en poudre
50 gr de sucre

Crème :
2 St-Florentin
1 tasse à thé de sucre
2 œufs
100 gr de crème fraîche
100 gr de raisins secs
1 cuillère à soupe de maïzena
2 citrons
1 moule de 23 cm de diamètre

Mélanger du bout des doigts farine, levure, beurre, l'œuf entier et le sucre. Diviser la pâte en 2.
Beurrer et fariner le moule. Tapisser de pâte fond et bords et piquer à la fourchette. Enfourner à feu doux 20 mn.
Râper les zestes et presser les citrons au-dessus d'un saladier. Ajouter, en mélangeant au batteur électrique, le fromage, le sucre, les œufs entiers, la crème, la maïzena, les raisins.
Déposer le mélange dans le moule et couvrir de la seconde moitié de pâte abaissée au rouleau.
Enfourner à four moyen 1 h environ. A consommer le jour même.

GATEAU AUX NOIX MAÏCA
TORTĀ DE NUCİ MAÏCA

préparation : 40 mn
cuisson : 30 mn
pour 6 - 8 personnes

Pâte :
6 œufs
6 cuillères à soupe de sucre
200 gr de noix râpées + 12 cerneaux
1/2 cuillère à soupe de farine
1/2 jus d'orange
1 zeste entier râpé
Crème :
250 gr de beurre en pommade
2 cuillères à soupe de sucre
2 jaunes d'œufs
1 sachet de sucre vanillé
Caramel :
150 gr de sucre
3 cuillères à soupe de cacao amer
2 cuillères à soupe de cointreau ou cognac
1 moule de 23 cm de diamètre

Pâte :
Dans un saladier, mélanger au batteur électrique les jaunes d'œufs et le sucre. Ajouter les noix, le jus et le zeste d'orange, la farine et bien mélanger. Battre les blancs en neige (sel) et les ajouter à la pâte en soulevant la masse. Beurrer et fariner le moule et y déposer la pâte. Enfourner à four moyen 1/2 h environ.
Crème :
Mettre à fondre le sucre jusqu'à la couleur caramel foncé. Hors du feu et très vite, ajouter le cacao délayé dans 5 cuillères à soupe d'eau bouillante. Frotter vigoureusement. Laisser refroidir.
Dans un saladier, travailler le beurre et le sucre.
Ajouter doucement le caramel puis les jaunes d'œufs.
Beurrer et fariner un moule.
Enfourner à feu moyen 45 mn.
Couper le gâteau tiède par moitié et l'arroser d'un mélange de l'alcool choisi et de 2 cuillères à soupe d'eau. Laisser imbiber 1 h.
Étaler sur la moitié du fond — déposé sur un plat à gâteaux — un peu plus de la moitié de la crème. Recouvrir.
Tartiner avec un couteau plat les bords du gâteau puis déposer le reste de la crème sur le dessus.
A l'aide de la lame mouillée d'un couteau, bien lisser la crème. Décorer avec des cerneaux de noix et des picots faits à la fourchette.
Garder au réfrigérateur 12 h.

Ce gâteau est celui que l'on sert, orné de bougies, à tous les anniversaires de notre famille. Au moment de le mettre au four, de mon aïeule jusqu'à moi-même, nous disons la prière suivante « Torta sà iese cum o vrea, norocul sà fie mare » : que le gâteau réussisse comme il le voudra, pourvu que la chance soit grande. C'est charmant, non ?

GATEAU PRALINÉ ANDRÉA
TORT CU ALUNE ANDRÉA

préparation : 40 mn
cuisson : 1 h 15
pour 15 - 20 personnes

Pâte :
7 œufs
280 gr de sucre
240 gr d'amandes en poudre
1 zeste râpé
Caramel :
200 gr de noisettes
125 gr de sucre

Crème :
2 œufs
120 gr de sucre
200 gr de beurre en pommade
Glaçage :
1 jus de citron
1 blanc d'œuf
1 cuillère à café de beurre fondu
1 cuillère à soupe de sucre
2 moules de 23 cm de diamètre

Battre les blancs d'œufs en neige (sel). Battre au fouet électrique les jaunes d'œufs avec le sucre. Ajouter le zeste, puis les blancs et les amandes en alternant. Beurrer et fariner les moules. Enfourner à feu doux 35 mn. Si on utilise un seul moule, cuire en 2 fois et garder la seconde moitié au réfrigérateur.
Griller les noisettes à feu doux.
Fondre le sucre en caramel. Y jeter les noisettes, bien les enrober, les refroidir sur une assiette légèrement beurrée.
Une fois froides, les passer à la râpe à carottes électrique.
Mélanger doucement au fouet électrique les œufs entiers avec le sucre. Ajouter ensuite en alternant, le beurre et les noisettes. Attention, si l'on fouette trop vite, le mélange peut tourner. Ajouter alors un peu de beurre en pommade.
Mettre cette crème entre les 2 gâteaux.
Faire le glaçage en mélangeant le jus de citron avec le blanc d'œuf tel quel puis le beurre fondu et le sucre. On doit obtenir la consistance du miel.
Glacer alors le gâteau qui est parfait pour anniversaires ou buffets.

GATEAU AUX POMMES EDWIGE R.
TORT CU MERE EDWİGE R.

préparation : 30 mn
cuisson : 1 h
pour 8 personnes

250 gr de farine
2 œufs
1 pot de yaourt maigre
1 pot de yaourt d'huile
2 pots de yaourt de sucre
1 sachet de levure en poudre
1 sachet de sucre vanillé
1 zeste de citron râpé
1 jus de citron
2 pommes canada
100 gr de raisins smyrne
3 cuillères à soupe de rhum
1 moule de 23 cm de diamètre

Dans un grand saladier, mélanger doucement au batteur électrique la farine, les œufs entiers, le yaourt, l'huile, les sucres, la levure, le zeste, le jus de citron et les raisins gonflés dans le rhum et bien égouttés.
Laisser reposer 2 h.
Éplucher les pommes, les couper en huit.
Dans un moule à gâteaux ou dans un large moule à soufflés en verre, verser la pâte et la recouvrir avec les tranches de pommes.
Enfourner à feu doux 1 h environ.

GATEAU SACHER LIANA
SACHER TORT

préparation : 30 mn
cuisson : 1 h
pour 10 - 12 personnes

Pâte :
8 œufs
250 gr de sucre
250 gr de poudre d'amandes
150 gr de chocolat à cuire
1 jus de citron + zeste
1 cuillère à soupe de chapelure très fine

Crème :
1 pot de gelée de groseilles
Glaçage :
150 gr de chocolat à cuire
1/4 de tasse de lait
20 gr de beurre
3 cuillères à soupe de sucre glace
1 moule rond

Gâteaux au fromage, mœlleux, aux raisins bien répartis, baclava dorés et fondants de miel, autant de merveilles qui terminent les repas roumains.

Le café turc versé brûlant de son "ibric", accompagné de loukoums colorés et parfumés, est toujours servi à chaque visiteur accompagné d'un verre d'eau glacée.

Fondre le chocolat au bain-marie avec quelques gouttes de lait.
Dans un saladier, mélanger au fouet électrique les jaunes d'œufs et le sucre. Ajouter les amandes.
Monter les blancs en neige (sel). Ajouter au mélange avec le jus de citron et le zeste. Finir par le chocolat.
Beurrer et passer à la chapelure un moule rond. Partager la pâte en 2. Cuire en 2 fois à feu moyen 1/2 h.
Mélanger vivement à la fourchette la gelée de groseilles dans un pot. L'étaler entre les 2 feuilles du gâteau.
Glaçage : fondre sur feu doux le chocolat dans le lait, ajouter hors du feu le beurre et le sucre glace.
Lorsque le glaçage a une consistance de sirop, l'étaler sur le gâteau. Lisser avec la lame d'un couteau mouillée à l'eau froide.
Faire le gâteau la veille. Ne jamais mettre au réfrigérateur, il durcirait.

Si la chapelure n'est pas très fine, l'écraser encore au rouleau à pâtisserie.

Lorsque l'on mélange au fouet électrique sucre et jaunes d'œufs, il faut le faire longuement jusqu'à la formation de bulles d'air qui éclatent à la surface du mélange. Ceci est obligatoire car, dans le cas contraire, le sucre en poudre, même cuit, crissera entre les dents.

INDIANA
İNDİANĀ

préparation : 30 mn
cuisson : 30 mn
pour 6 - 8 personnes

Pâte :
6 œufs
6 cuillères à soupe de sucre
4 cuillères à soupe rases de farine
2 cuillères à soupe de cognac
Crème :
400 gr de crème fraîche
3 sachets de sucre vanillé

Glaçage :
3 cuillères à soupe de cacao
1 cuillère à soupe de sucre
1 cuillère à soupe de lait

500 gr de fraises ou framboises ou fraises des bois

Dans un saladier, mélanger au fouet électrique les jaunes d'œufs avec le sucre.
Battre les blancs en neige (sel), les ajouter, saupoudrer avec la farine, mélanger délicatement.

Beurrer un moule et le fariner.
Enfourner à feu moyen 1/2 h environ. Lorsque les bords se décollent du moule, le gâteau est cuit.
Lorsque le gâteau est tiède, le couper par le milieu. Déposer le fond dans un plat à gâteau et le dessus, retourné, dans une assiette creuse.
Arroser d'un mélange de cognac et eau.
Après 1 h, le gâteau étant bien imbibé, étaler sur le fond une fine couche de gelée puis recouvrir de fraises, framboises ou fraises des bois en saison ou d'une bonne couche de gelée en hiver.
Fouetter la crème avec 1 cuillère à soupe d'eau glacée. Ajouter à la fin seulement le sucre vanillé.
Recouvrir les fruits de cette crème en chargeant un peu le centre, puis retourner par-dessus la seconde moitié qui a pris la forme d'un dôme.
Glaçage :
Dans une petite casserole, délayer le cacao avec le sucre et le lait sur feu doux.
Napper le gâteau avec le chocolat encore chaud (pas brûlant) et glacer avec la lame d'un couteau trempée dans de l'eau froide et passée à plat.
Laisser reposer quelques heures à température ambiante.

KATAÏFI A LA CHANTILLY
CATAÏF CU FRIȘCĂ

préparation : 30 mn
cuisson : 25 mn
pour 6 - 8 personnes

300 gr de vermicelles grecs
100 gr de beurre
200 gr de sucre
1 sachet de sucre vanillé
crème chantilly

Dans une grande poêle, dorer les vermicelles au beurre en les tournant à la fourchette pour ne pas les briser. Bien les séparer. Faire cette opération en 2 fois car les vermicelles sont très friables. Les déposer, toujours à la fourchette, dans un moule à gâteaux rectangulaire.
Dans une casserole, sur feu moyen, faire un sirop lié avec les sucres et 1/2 verre d'eau froide.
Arroser les vermicelles de ce sirop brûlant.
Enfourner à feu doux et laisser les vermicelles le temps que le sirop soit entièrement absorbé et qu'ils soient bien soudés.

Couper encore chaud, en nombre pair, des carrés de 5 cm. Laisser refroidir puis les décoller à l'aide d'une spatule.
Déposer la moitié côte à côte sur un plat à gâteaux.
Étaler à la palette la crème chantilly très froide, sur une hauteur de 3 cm. Recouvrir avec les morceaux restant, légèrement pour ne pas écraser la crème et redresser les bords si besoin est.
Mettre au réfrigérateur au point le moins froid, au moins 2 h.

On peut garnir ce gâteau avec des cerises à l'eau de vie bien égouttées.
Les vermicelles grecs s'achètent dans les magasins spécialisés en sachets.

KNÖDEL VIENNOIS
KNODEL VİENEZE

préparation : 35 mn
cuisson : 20 mn
pour 6 personnes

500 gr de pommes de terre
1 œuf
2 cuillères à soupe de farine
150 gr de povidlà
100 gr de beurre
chapelure
4 sachets de sucre vanillé

Cuire les pommes de terre en robe des champs à l'eau bouillante salée. Les éplucher et les passer à la moulinette grille fine.
Dans un saladier, mélanger la purée, l'œuf et la farine. Pétrir jusqu'à obtenir une pâte élastique.
Faire des boulettes de la grosseur d'un œuf. Du doigt, creuser un trou jusqu'au centre, le remplir d'une cuillère à café de povidlà, refermer.
Dans un fait-tout d'eau bouillante à peine salée, jeter les knödel et les laisser frémir 10 mn.
Dans une grande poêle, faire fondre doucement le beurre puis le mélanger à la chapelure.
Égoutter les knödel sur un torchon puis faire revenir à la poêle en les roulant soigneusement.
Servir brûlants saupoudrés de sucre vanillé.

Voir la recette de la povidlà un peu plus loin.

PAIN DE L'ÉVÊQUE
PAİNEA EPİSCOPULUİ

préparation : 30 mn
cuisson : 1 h
pour 10 personnes

5 œufs
même poids de sucre
même poids de farine
même poids de raisins secs et amandes effilées mélangés
1 zeste râpé
beurre, farine
1 moule rectangulaire

Griller à four doux les amandes.
Dans un saladier, battre au fouet électrique les œufs entiers et le sucre puis incorporer la farine. Finir par les raisins secs, les amandes (en réserver quelques unes) et le zeste de citron.
Beurrer et fariner un moule. Y déposer la pâte et disposer dessus les amandes réservées en quinconce.
Enfourner à four doux 1 h environ.
Une fois refroidi, couper en petits rectangles.

OEUFS A LA NEIGE
LAPTE DE PASĀRE

préparation : 30 mn
cuisson : 10 mn
pour 6 - 8 personnes

Blancs en neige :
6 blancs d'œufs
100 gr de sucre
1 litre de lait entier

Crème :
6 jaunes d'œufs
120 gr de sucre
1/2 bâton de vanille
1 compotier

Dans une casserole hors du feu, battre au fouet électrique les jaunes d'œufs et le sucre. Ajouter doucement le lait en mettant sur feu doux et en remuant

constamment. Mettre la vanille divisée en 2 dans le sens de la longueur. Faire prendre à feu très doux et retirer au premier frémissement tout en continuant à fouetter doucement pendant 2 mn. Laisser refroidir.
Mettre à bouillir de l'eau dans une marmite à large ouverture.
Battre au fouet électrique les blancs en neige très ferme (sel) puis ajouter le sucre et battre légèrement.
Avec une cuillère en métal que l'on trempera à l'eau froide chaque fois, former des œufs avec le blanc d'œuf. Pour cela, se servir d'un couteau à lame mouillée et bomber l'œuf. Secouer d'un mouvement sec la cuillère afin de faire tomber l'œuf dans l'eau frémissante (surtout pas de bouillons).
Laisser 2 mn sur chaque face. Retourner puis retirer à l'écumoire et déposer quelques instants dans une passoire.
Verser dans le compotier les 3/4 de la crème. Disposer les œufs par-dessus et, à l'aide d'une cuillère, les napper du reste de la crème.
Mettre 1 h au réfrigérateur.

En roumain, les œufs à la neige s'appellent «lait de volaille».

PÂTE A CRÊPES
CLĀTİTE

préparation : 5 mn
cuisson : 10 mn
pour 2 personnes

2 œufs
1 tasse de farine
1 tasse de lait froid
sel

Mélanger au fouet les œufs avec la farine. Ajouter le lait. La pâte doit être fluide comme la crème fraîche ordinaire. Il faudra donc ajouter du lait à la recette et un peu de sel.
Laisser reposer 15 mn avant de faire les crêpes.

Les crêpes roumaines sont beaucoup plus souples que les crêpes françaises. Une fois roulées sur une farce salée ou de la confiture de prunes épaisse, on les réchauffe à four doux sans risquer de les dessécher.

PÂTE ROULÉE A LA CRÈME DE LAIT
ALUAT DIN CAÌMAC

1 tasse de crème de lait
1 tasse de farine
1 cuillère à soupe de beurre
sel

Dans un saladier, mettre les ingrédients et mélanger du bout des doigts. Faire une boule et laisser reposer 1/4 d'h.
Sur la table, déposer une nappe farinée et commencer à étirer la pâte au rouleau fariné.
Lorsqu'elle est très fine, faire une farce aux griottes ou à la viande ou au fromage... et rouler.

Le Caimac, crème du lait cuit —mot turc— qui aura terrorisé tant d'enfants, est employé en pâtisserie pour faire les pâtes sablées les plus fines et les plus légères... Mais de quel lait s'agit-il ? De celui que nous trouvons encore dans les fermes, lait entier que l'on fait bouillir par grande quantité et que l'on laisse refroidir doucement, sans le transvaser, à la tiédeur de la cuisinière à bois. Alors le Caimac épais, boursouflé avec des bulles d'air à ses bords, tavelé et un peu jaune des substances qu'il renferme se laisse enlever à l'écumoire comme une croûte, un peu sucrée et à mille lieux de ces infectes « peaux du lait » qui ont dérouté les enfants.
Quant à la précieuse mousse du café turc, recueillie et distribuée dans les tasses à la petite cuillère, elle s'appelle aussi « caimac ».

POUDING AUX GRIOTTES
BUDÌNCĂ DE VIȘINE

préparation : 15 mn
cuisson : 45 mn
pour 6 - 8 personnes

500 gr de griottes
6 œufs
150 gr de beurre en pommade
2 cuillères à soupe de sucre
1 paquet de sucre vanillé
200 gr de chapelure
cannelle en poudre
beurre
crème fouettée
sirop de griottes

Laver les cerises, les équeuter et les dénoyauter.
Dans un saladier, déposer les cerises, les saupoudrer de sucre et laisser macérer 1 h. Bien les égoutter à l'aide d'une passoire.
Dans un saladier, mélanger doucement au batteur électrique le beurre, le reste du sucre et le sucre vanillé. Lorsque le mélange est homogène, ajouter les jaunes d'œuf, la chapelure, les cerises et saupoudrer généreusement de cannelle.
Battre les blancs en neige (sel).
Ajouter à la composition en soulevant la masse.
Beurrer un moule à soufflé et le passer à la chapelure.
Déposer le pouding dans le moule.
Enfourner à feu moyen 3/4 d'h.
Retourner sur le plat à gâteaux, l'entourer de crème fouettée. Servir avec du sirop de griottes en bouteille dans une saucière.

QUATRE QUARTS AUX ABRICOTS
GLEİGEWİCHT CU CAİSE

préparation : 30 mn
cuisson : 45 mn
pour 6 - 8 personnes

3 œufs
même poids de farine
même poids de sucre
même poids de beurre fondu
1 paquet de sucre vanillé
1/2 sachet de levure en poudre
1/4 de tasse de lait
500 gr d'abricots + 3
1 moule de 23 cm de diamètre.

Mélanger au batteur électrique les jaunes d'œufs et les sucres. Ajouter le beurre fondu tiède.
Délayer la levure dans le lait.
Battre les blancs d'œufs en neige (sel).
Dans la pâte, ajouter la levure puis, en alternant, la farine et les blancs en neige.
Beurrer et fariner le moule.
Ouvrir en deux tous les abricots et les dénoyauter. Les disposer sur la pâte, côte à côte, surtout le dessus.
Enfourner à four doux 45 mn.

On pourra faire ce gâteau avec des griottes dénoyautées, roulées dans de la chapelure. Procéder ensuite de la même façon que ci-dessus. Recouvrir la surface avec les fruits bien secs et disposés serrés.

STRUDEL AUX GRIOTTES
STRUDEL CU VIŞINE

préparation : 1 h 30
cuisson : 1 h 10
pour 8 personnes

Pâte à placinta selon recette
1 kg de griottes
250 gr de sucre en poudre
beurre fondu
chapelure
sucre glace

Laver, équeuter et dénoyauter les cerises au-dessus d'un saladier.
Les mettre alors dans ce saladier et les saupoudrer de sucre. Laisser macérer pendant 1 h puis les transvaser dans une passoire pour bien les égoutter.
Sur une nappe farinée, déposer la pâte à placinta, la tartiner de beurre fondu à l'aide d'un pinceau, saupoudrer de chapelure (pour absorber le jus), recouvrir de griottes et rouler avec l'aide de la nappe pour obtenir un gros boudin.
Recommencer l'opération pour utiliser tous les ingrédients.
Déposer sur la plaque à pâtisserie passée au pinceau à beurre, avec l'ouverture en-dessous.
Enfourner à feu doux 1 h.
Servir saupoudré de sucre glace.
Les feuilles doivent être dorées et craquantes.

TARTE LINZER
LİNZER TORTE

préparation : 20 mn
cuisson : 30 mn
pour 8 personnes

250 gr de confiture de framboises
150 gr de farine
80 gr d'amandes avec la peau
60 gr de beurre en pommade
70 gr de sucre
1 œuf
1 cuillère à café rase de cannelle en poudre
1/2 zeste de citron râpé

Dans un saladier, mettre la farine, le beurre, les amandes (râpées fin avec la peau), le sucre, l'œuf, la cannelle, le 1/2 zeste.

Pétrir du bout des doigts et laisser resposer 2 h.
Sur une table farinée, abaisser la pâte au rouleau sur 1/2 cm d'épaisseur.
En garnir avec les 3/4 un moule à tarte beurré. Piquer à la fourchette.
Étaler la confiture soigneusement.
Dans le reste de la pâte, couper des lanières de la valeur d'un doigt et les déposer en croisillons sur la confiture.
Enfourner à four moyen 25 mn environ.
Ne démouler que lorsque la tarte est bien froide car la pâte est très friable.

COMPOTE D'ABRICOTS ET DE GRIOTTES
COMPOT DE CAÎSE ŞÎ VÎŞINE

1 kg d'abricots
1 kg de griottes
250 gr de sucre

Laver les abricots, les ouvrir par moitié, les dénoyauter.
Casser 20 noyaux et réserver les amandes.
Équeuter et laver les griottes.
Mettre les fruits dans une casserole, couvrir d'eau et ajouter le sucre et les amandes.
Mettre à frémir pendant 10 mn à découvert. Surveiller. Les fruits doivent être un peu fermes.
Dans un compotier, disposer les fruits à l'écumoire. Si le jus est trop long, le faire bouillir un peu à découvert.
Le verser brûlant sur les fruits (ils cuisent encore) qui doivent être couverts.
Laisser refroidir.
Mettre au réfrigérateur. Servir glacé.

CONFITURE DE GRIOTTES
DULCEAŢĂ DE CÎRESE AMARE

1 kg de griottes
500 gr de sucre
1/2 jus de citron
1/2 bâton de vanille

Laver, équeuter et dénoyauter les cerises au-dessus d'un saladier afin de recueillir le jus.
Dans une casserole à fond épais, mettre une couche de fruits, une de sucre et recommencer jusqu'à épuisement. Ajouter le jus du saladier.

Laisser sur feu doux jusqu'à ce que le sucre soit fondu. Ne pas mélanger, secouer la casserole.
Porter alors à ébullition et écumer.
Dès que le jus commence à se lier, éteindre le feu et ajouter le jus de citron et la vanille.
Secouer la casserole.
Laisser reposer 1/4 h à découvert.
Remettre sur le feu jusqu'à ce que le jus de la confiture soit bien lié.
Renverser alors dans le saladier et laisser refroidir un peu.
Remplir les pots de verre jusqu'aux bords, fermer et retourner.
Laisser refroidir 12 h sans bouger.

CONFITURE DE ROSES
DULCEAȚĀ DE TRANDAFİR

250 gr de pétales de roses
1 kg 250 de sucre
1 cuillère à café de sel citrique
1/2 jus de citron

Acheter le sel citrique chez le pharmacien

Cueillir des roses bien épanouies, enlever les pétales soigneusement et en faire 2 tas. Le premier avec des feuilles parfaites dont on coupera, avec les ciseaux à manucure, les parties blanches proches du cœur. Attention au pollen. Le deuxième avec les tombées du premier auxquelles s'ajouteront toutes les feuilles moins parfaites (tachées ou un peu fanées).
Lorsque le 1er tas pèsera 150 gr, frotter à la main, dans un saladier, les pétales avec la moitié du sel citrique et déposer au réfrigérateur pendant 2 h.
Porter à ébullition 4 mn les pétales du 2e tas dans un litre d'eau. Laisser refroidir. Ajouter le jus de citron.
Lorsque le liquide est froid donc bien infusé, le filtrer à travers 1 filtre de papier.
Dans une casserole à fond épais, mettre 3 verres de jus mélangés au sucre. Laisser sur feu doux.
Dès que le sucre a fondu, ajouter les pétales du 1er tas et augmenter le feu au maximum. Écumer soigneusement.
Le sirop doit être lié : sur une soucoupe, verser quelques gouttes. Elles doivent coller.
Mettre alors cette confiture dans les pots de verre jusqu'au bord. Les fermer et les laisser en attente 12 h, retournés, sans les remuer.

MARMELADE DE PRUNES
MARMELADĂ DE PRUNE

1 kg 500 de prunes	*300 gr de sucre*

Laver, équeuter et dénoyauter les prunes.
Les mettre dans une casserole épaisse, ajouter le sucre et 3 cuillères à soupe d'eau.
Bien écumer puis mélanger souvent à l'écumoire en grattant bien le fond.
Laisser sur feu doux car cette marmelade « saute » et brûle rapidement. Cuire 1 h.
Laisser refroidir un peu puis remplir les pots de verre de cette marmelade jusqu'aux bords, les fermer et les retourner.
Laisser refroidir 12 h sans les bouger.

Cette marmelade se conserve 1 an.

POVIDLA AUTRICHIENNE
MAGİUN

1/2 kg de quetches très mûres	*50 gr de sucre*

Équeuter, laver, dénoyauter les quetches.
Dans une casserole à fond épais, mettre les fruits à feu très doux avec 1 cuillère à soupe d'eau.
Couvrir et laisser ramollir.
Les passer alors à la moulinette, grille moyenne et remettre cette purée dans la même casserole saupoudrée de sucre, à feu doux.
Ne pas couvrir.
Mélanger sans arrêt à la cuillère de bois car la povidlă a tendance à attacher.
Dès qu'elle est cuite et de couleur bien foncée, la laisser refroidir un peu.
Encore chaude, remplir jusqu'au bord les pots de verre, les fermer et les retourner.
Laisser refroidir 12 h sans les toucher.

Cette marmelade très épaisse est délicieuse étalée sur des tartines. On en farcit bien sûr les knödels viennois et les crêpes.

GLACE AU SUCRE BRÛLÉ
INGHEȚATĂ DE ZAHAR ARS

Glace :
5 jaunes d'œufs
50 gr de sucre

Caramel
100 gr de sucre
1/2 litre de lait entier

Sur feu vif, porter le sucre en caramel roux.
Verser hors du feu le lait et bien mélanger à la cuillère de bois pour détacher le caramel.
Remettre sur le feu. Dès que le lait monte, retirer du feu et laisser tiédir.
Dans un saladier, battre au fouet électrique les œufs puis ajouter petit à petit le lait tiède.
Remettre dans la casserole sur feu doux et mélanger jusqu'à ce que la crème nappe une cuillère de métal trempée dans de l'eau froide.
Laisser refroidir en mélangeant de temps en temps pour éviter qu'il ne se forme de pellicule.
Mettre la crème dans une sorbetière et au freezer selon les instructions.

SIROP DE GRIOTTES
SIROP DE VIȘINE

1,500 kg de griottes
1 kg de sucre environ
1/2 jus de citron
1 torchon

Laver, sécher et équeuter les griottes.
Dans une casserole à fond épais, mettre les griottes dans 1/4 de litre d'eau à cuire à couvert sur feu doux.
Lorsque la peau des cerises éclate, les mettre dans un torchon, bien serrer par une ficelle au-dessus d'une casserole (accrocher à un robinet par exemple).
Quand les cerises sont froides, bien essorer dans le torchon pour exprimer au maximum le jus des griottes.
Ajouter pour 1 litre de jus, 1 kg de sucre et le jus de citron. Mettre sur feu doux pour laisser fondre le sucre puis sur feu vif. Écumer soigneusement.
Le sirop doit diminuer pour épaissir.
Mettre chaud dans des bouteilles et bien boucher.
Servir avec de l'eau de Selz ou de l'eau minérale gazeuse.

LIQUEUR DE GRIOTTES
VIŞINATĂ

2 kg de griottes
500 gr de sucre en poudre
1 litre d'alcool à 90°

Laver, équeuter et bien sécher les griottes. Les mettre dans un pot de verre à large ouverture qui ferme hermétiquement.
Déposer des couches successives de griottes et de sucre en poudre et verser l'alcool jusqu'à moitié des fruits.
Fermer hermétiquement le pot et le déposer derrière une fenêtre bien ensoleillée.
Secouer le pot de temps à autre en continuant à laisser macérer les fruits environ 3 semaines et en finissant d'ajouter l'alcool.
Commencer à consommer la liqueur et la remplacer par de l'alcool.
Les cerises servent surtout de garniture sur les gâteaux au chocolat ou sur la crème chantilly.
Elles ont aussi leur place au fond du verre de liqueur, piquées avec des cure-dents en bois.

CAFÉ TURC
CAFEA TURCEASCĂ

pour 2 personnes

dans un 1 bric :
2 tasses à café d'eau pleines
2 cuillères à soupe de café très pleines
2 morceaux de sucre

Le café doit être moulu pour « café Turc ». C'est la mouture la plus fine.
Le café turc est très fort car ce breuvage est une décoction et non une infusion comme dans les autres pays. Il doit être « caldà, dulce şi subţire » « chaud, sucré et sans marc ».
Le marc demeure au fond de la tasse dont le dessus est crémeux.
Mettre dans une casserole réservée à cet effet l'eau, le café et le sucre. Mélanger sur feu doux.
Laisser faire 2 bouillons. Retirer du feu et, à l'aide d'une petite cuillère, ramasser la mousse (CAIMAC) et la distribuer dans les tasses.
Faire « monter » 2 fois le café sur feu vif, retirer du feu et laisser tomber 3 gouttes d'eau froide dans le café. Elles précipiteront le marc vers le fond.
Attendre quelques instants puis verser dans les tasses.

CHERBET AU CHOCOLAT
ȘERBET DE CIOCOLATĂ

150 gr de sucre
120 gr de chocolat de ménage à cuire
1 cuillère à soupe de jus de citron
3/4 litre d'eau

Dans une cocotte à fond épais, verser le sucre et le mouiller de 3/4 litre d'eau. Mettre sur feu doux pour faire fondre le sucre.
Augmenter le feu et dès le premier bouillon, ajouter le jus de citron et le chocolat cassé en morceaux.
Écumer et laisser le sirop se lier : au bout de 10 mn, voir si le sirop est cuit « à perle » : dans une tasse remplie d'eau froide, laisser tomber quelques gouttes de sirop. Si elles sont bien rondes et peuvent rouler entre les doigts, arrêter la cuisson.
Laisser refroidir jusqu'à pouvoir supporter de toucher le sirop. Prendre alors le manche d'une cuillère en bois épaisse et mélanger jusqu'à ce que le cherbet change de couleur.
Mettre ensuite dans des pots de verre en tassant bien afin d'éviter les bulles d'air.

L'hospitalité roumaine se manifeste même si la visite dure un court moment. De toute façon, on servira un café turc, une cuillère enrobée de cherbet plongée dans un verre d'eau glacée ou une cuillère de confiture de cerises anglaises dans une toute petite soucoupe réservée à cet effet, ou encore un abricot confit dans du sirop.
Café, sucreries et eau glacée sont les marques de politesse et d'amitié distribuées sans distinction à l'hôte qui franchit le seuil du foyer.

TABLE DES MATIÈRES

	Pages
Avant-Propos	7
Les Soupes	9
Soupe aux pâtes fantaisie	10
Soupe aux haricots blancs Mamaïa	10
Soupe aigre aux boulettes	11
Soupe aigre de poulet	12
Soupe aigre d'abats de volaille	13
Soupe aigre de mouton - Lenut	14
Soupe aigre Sleana	15
Soupe de tripes	16
Soupe de tomates fraîches	16
Soupe de tomates d'hiver	17
Bortch à la Russe	18
Les Entrées	19
Terrine de foies de volailles Ririm	20
Œufs farcis aux foies de volaille	20
Œufs farcis sauce piquante	21
Pâté de foie d'oie	22
Salade d'olives noires	23
Olives marinées	23
Salade de caviar noir pressé	24
Fromage Cachcaval fondu	25
Fromage Cachcaval pané	25
Tarama (œufs de cabillaud fumés)	26
Salade d'œufs de carpe ou de brochet	26
Tomates farcies à la viande	27
Salade russe	28
Salade de bœuf	29
Les Œufs	31
Œufs à la Roumaine	32
Œufs aux poireaux	32
Œufs durs farcis Anuta	34
Œufs brouillés à la Moldave	34
Œufs à la tomate Anuta	35
Soufflé aux œufs mollets	35
Pouding de macaronis	36
Pouding au jambon	37
Pouding au parmesan	38
Soufflé de chou-fleur	38
Soufflé de pommes de terre	39
Les Galettes	41
Pâte à placinta (galette)	42

	Pages
Tricornes au fromage	42
Galette au fromage sucré	44
Galette feuilletée au fromage salé Mamaïa	44
Galette à la viande	45
Galette aux pommes	46
Galettes frites au fromage blanc	47
Galettes bouillies au fromage blanc	47
Knödel-M	48
Les Farcis	49
Boulettes de poireaux Ileana	50
Moussaca	51
Feuilles de vigne farcies	52
Poivrons et tomates farcis	53
Les Poissons	55
Brochet farci	56
Esturgeon au gril (barbecue)	57
Boulettes de poisson	57
Carpe marinée	58
Croquettes de poisson	58
Coulibiac	59
Ragoût de poisson	60
Sterlé au gril (barbecue)	60
Tanche à la cocotte	61
Truites au gril (barbecue)	62
Ratatouille de poisson	62
Perche farcie sur son lit d'oignons	63
Les Volailles, le Gibier, le Lapin	65
Canard aux olives	66
Poulet à la crème	67
Pilaf de poulet	67
Lapin à la sauce tomate	68
Pâté de lièvre	69
Les Abats	71
Croquettes de cervelle et jambon	72
Fritots de cervelle	72
Salade de cervelle	73
Langue rôtie froide	74
Ramequins de foie	74
Langue de bœuf à la tomate	75
Rognons de veau en ragoût	76
Rognons blancs de veau au gril	76

Pages

La Polenta 77

Polenta. 78
Polenta fluide 78
Polenta au fromage au four 79
Polenta au parmesan. 80
Boulettes de polenta 81
Polenta sautée 81
Gâteau salé de polenta 82

Les Choux 83

Chou pané. 84
Chou blanc à la viande 84
Chou blanc farci 85
Pouding de chou 86
Chou aigre dans son jus 87
Salade de chou rouge 88
Salade de chou blanc. 88
Chou blanc dans son jus. 89

Les Légumes 91

Ratatouille à la viande. 92
Ratatouille au maigre 93
Ratatouille Lenuta. 93
Aubergines à la viande 94
Smambaildi ou délice de L'Imam. 94
Gratin d'épinards et champignons 95
Beignets de pommes de terre et jambon. 96
Gombos à la Grecque 97
Courgettes farcies à la viande. 98
Courgettes farcies au fromage blanc 98
Caviar d'aubergines (version d'été). 99
Caviar d'aubergines (version d'hiver). 100
Haricots blancs battus. 101
Croquettes de semoule 102
Concombres en saumure 102
Escalopes de légumes panées 103
Salade de concombres. 104
Salade orientale. 104
Salade d'épinards cuits 105
Salade de queues d'épinards 105
Salade de poivrons grillés 106
Salade verte à la crème 106

Les Viandes 107

Gigot d'agneau mariné chasseur. 108
Crépinette d'agneau 109
Goulache hongrois 110
Aspic de porc et veau 110
Petites saucisses de viande au gril. 111
Boulettes de viande hachée. 113
Boulettes à la sauce tomate. 114
Boulettes moldaves 114
Boulettes de poulet Mamaïa 115
Ragoût de chevreau 115
Estoufade d'agneau. 116
Rôti de porc mariné 116

Pages

Ragoût de bœuf 117

Les Sauces 119

Sauce à l'ail 120
Sauce à l'ail chaude. 121
Sauce à l'aneth 121
Sauce aux noix 122
Sauce au raifort. 122
Sauce tomate. 123
Sauce de tomates fraîches. 124

Les Desserts 125

Crème de sucre brûlé 126
Crème Bibesco 126
Crème caramel 127
Beignets rapides 128
Biscuits aux noix. 129
Baclava 129
Brioche pascale 130
Brioche roumaine 131
Charlotte au chocolat Mia H. 132
Cake au citron Rosa 133
Croissants à la confiture 134
Croissants au sésame 135
Petits croissants à la vanille Maria P. 135
Gâteau de Greta Garbo. 136
Gâteau hongrois Dobos 137
Gâteau mocca Mamaïa. 138
Gâteau marbré 139
Gâteau au chocolat Sonia L. 140
Gâteau au fromage Suzyca 140
Gâteau au fromage ambassadrice. 141
Gâteau aux noix Maïca. 142
Gâteau praliné Andréa 143
Gâteau aux pommes Edwige R. 144
Gâteau Sacher Liana. 144
Indiana 145
Kataïfi à la chantilly 146
Knödel viennois 147
Pain de l'évêque 148
Œufs à la neige. 148
Pâte à crêpes 149
Pâte roulée à la crème de lait 150
Pouding aux griottes. 150
Quatre-quarts aux abricots 151
Strudel aux griottes. 152
Tarte Linzer. 152
Compote d'abricots et de griottes 153
Confiture de griottes. 153
Confiture de roses. 154
Marmelade de prunes 155
Povidla autrichienne. 155
Glace au sucre brûlé. 156
Sirop de griottes 156
Liqueur de griottes 157
Café turc 157
Cherbet au chocolat 158

34826. - Imprimeries Delmas, Artigues-près-Bordeaux (dépot légal : octobre 1990).